Webster's English Crossword Puzzles: Level 1

Designed for ESL, ELP, EFL, TOEFL®, TOEIC® and AP® Learning

Webster's Online Dictionary
(www.websters-online-dictionary.org)

TOEFL®, TOEIC®, AP® and Advanced Placement® are trademarks of the Educational Testing Service which has neither reviewed nor endorsed this book.

Published by ICON Group International, Inc.
7404 Trade Street
San Diego, California 92121

www.icongrouponline.com

This edition published by ICON Classics in 2005
Printed in the United States of America.

Webster's Italian – English Level 1 Crossword Puzzles adapted for ESL, ELP, EFL, TOEFL®, TOEIC® and AP® Learning

Copyright © Webster's Italian – English Level 1 Crossword Puzzles adapted for ESL, ELP, EFL, TOEFL®, TOEIC® and AP® Learning 2005 by Philip M. Parker

All rights reserved. This book is protected by copyright. No part of it may be reproduced, stored in a retrieval system, or transmitted in any form or by any means, electronic, mechanical, photocopying, recording, or otherwise, without written permission from the publisher.

Copying our publications in whole or in part, for whatever reason, is a violation of copyright laws and can lead to penalties and fines. Should you want to copy tables, graphs, or other materials, please contact us to request permission (E-mail: iconedit@san.rr.com). ICON Group often grants permission for very limited reproduction of our publications for internal use, press releases, and academic research. Such reproduction requires confirmed permission from ICON Group International, Inc.

Note to teachers: You are granted permission to photocopy individual puzzles to distribute as assignments to students enrolled in your classes.

The contents form this book have been extracted, with permission, from Webster's Online Dictionary, www.websters-online-dictionary.org (copyright Philip M. Parker, INSEAD).

TOEFL®, TOEIC®, AP® and Advanced Placement® are trademarks of the Educational Testing Service which has neither reviewed nor endorsed this book.

ISBN 0-497-25443-3

PREFACE

Webster's Crossword Puzzles are edited for three audiences. The first audience consists of students who are actively building their vocabularies in either Italian or English in order to take foreign service, translation certification, Advanced Placement® (AP®)[1] or similar examinations. By enjoying crossword puzzles, the reader can enrich their vocabulary in anticipation of an examination in either Italian or English. The second includes Italian-speaking students enrolled in an English Language Program (ELP), an English as a Foreign Language (EFL) program, an English as a Second Language Program (ESL), or in a TOEFL® or TOEIC® preparation program. The third audience includes English-speaking students enrolled in bilingual education programs or Italian speakers enrolled in English speaking schools.

This edition is for Level 1 vocabulary, where the higher the level number, the more complicated the vocabulary. Though highly entertaining, if not addictive, this crossword puzzle book covers some 3000 vocabulary words. In this book, hints are in Italian, answers are in English. This format is especially fun (or easiest) for people learning Italian; the format is most instructive, however, for people learning English (i.e. the puzzles are a good challenge). Within each level, the puzzles are organized to expose players to shorter and more common words first. Subsequent puzzles mostly build on these using longer and more complicated vocabulary. Learning a language is always difficult. To ease the pain, hints are provided in small script at the bottom of each page, though these are selected to prevent an engineered solution to the puzzle. Players need to learn the meanings of the words in order to place them correctly. Full solutions are provided in the back of the book. These two features (hints and verifiable solutions), force the reader to decipher a word's meaning and serves to improve vocabulary retention and understanding. Translations are extracted from Webster's Online Dictionary. Further definitions of remaining terms as well as translations can be found at www.websters-online-dictionary.org. Enjoy!

The Editor
Webster's Online Dictionary
www.websters-online-dictionary.org

---

[1] TOEFL®, TOEIC®, AP® and Advanced Placement® are trademarks of the Educational Testing Service which has neither reviewed nor endorsed this book.

Puzzle #1: Level 1 - Most Common

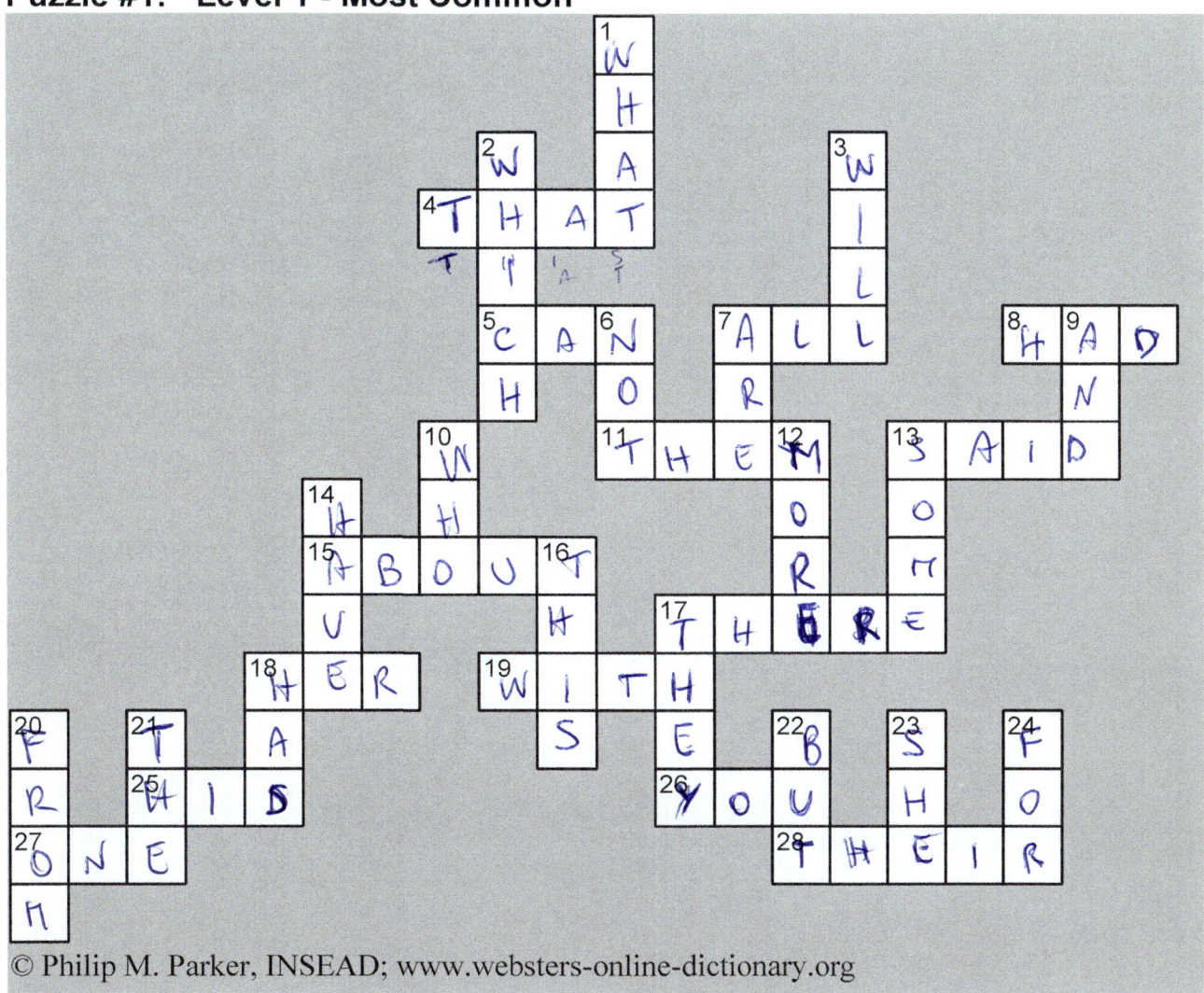

Across

4 che, quello, così
5 barattolo, bidone, inscatolare
7 tutto, tutti
8 ayuto, aveva voluto, avevamo voluto
11 loro, le, li
13 detto
15 circa, informazioni su, intorno a
17 là, lì, li
18 lei
19 con, a, mediante
25 suo
26 tu, voi, lei
27 uno, un, una
28 loro, di loro

Down

1 che, che cosa, cosa
2 quale, che, cui
3 volontà, testamento, volere
6 non, no
7 sei, siamo, siete
9 e, ed
10 chi, che
12 più, di più
13 alcuni, qualche
14 avere, abbi, abbiamo
16 questo, questa
17 essi, loro
18 ha, ha voluto
20 da, di
21 il, la, lo
22 ma, eccetto, salvo
23 lei, ella
24 per, durante, considerato che

Solutions: about, all, and, are, but, can, for, from, had, has, have, her, his, more, not, one, said, she, some, that, the, their, them, there, they, this, what, which, who, will, with, you. (32 words). See www.websters-online-dictionary.org

Puzzle #2: Level 1 - Most Common

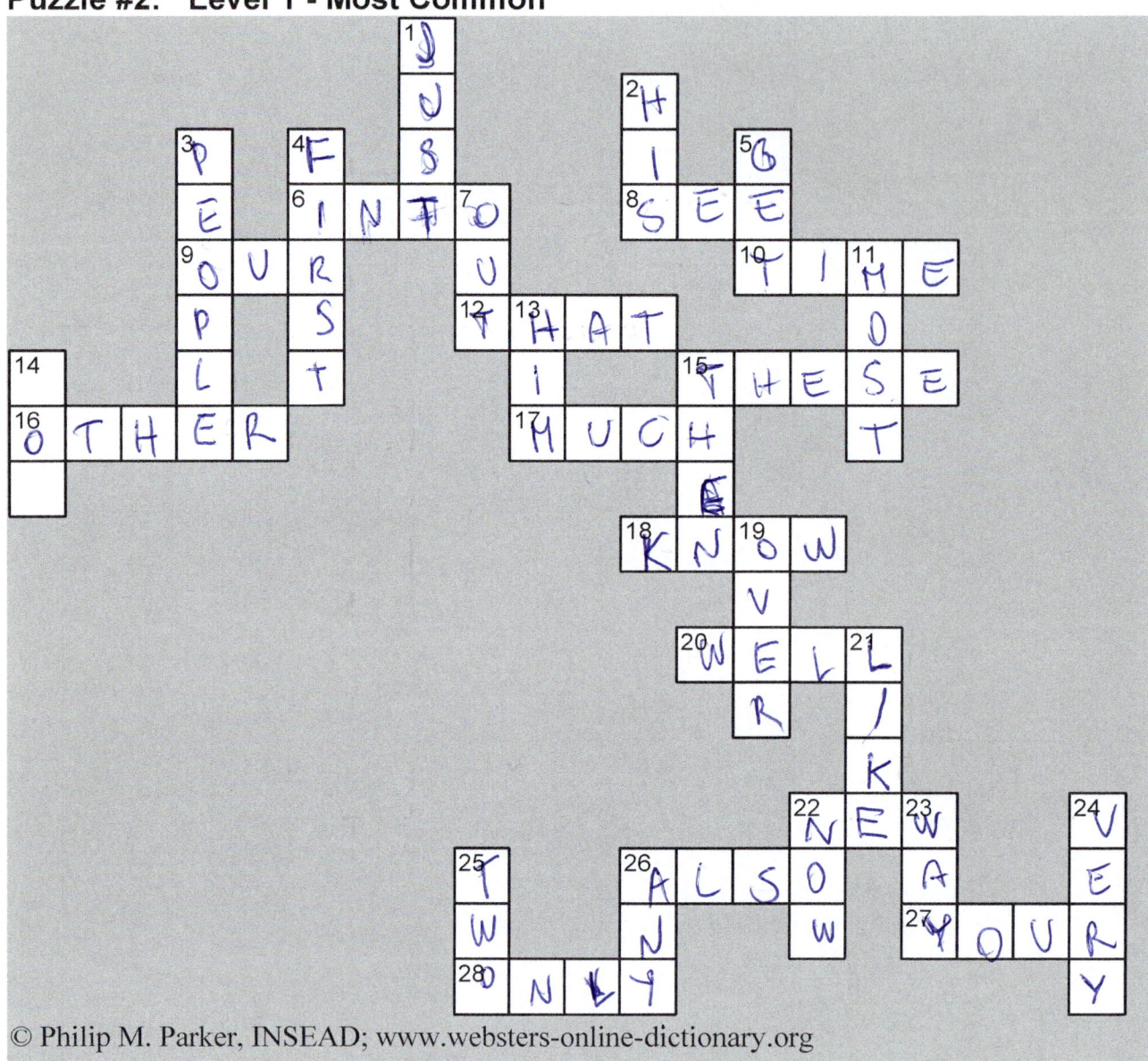

Across

6 dentro, in, a
8 vedere, vedete, vedi
9 nostro, nostra
10 tempo, ora
12 di, che
15 questi
16 altro
17 molto, tanto
18 conoscere, conoscete, conosci
20 bene, pozzo, pozzetto
22 nuovo
26 anche
27 tuo, vostro, suo
28 soltanto, solo, solamente

Down

1 soltanto, appena, fra poco
2 suo
3 gente, popolo, persone
4 primo, prima, dapprima
5 ottenere, ottenete, ottengo
7 fuori
11 estremamente, più, maggior parte
13 lui
14 come
15 allora, poi, dopo
19 sopra, finito, terminato
21 simile, come, apprezzare
22 adesso, ora
23 modo, cammino, strada
24 molto, assai
25 due
26 qualsiasi, qualunque, qualche

Solutions: also, any, first, get, him, how, into, its, just, know, like, most, much, new, now, only, other, our, out, over, people, see, than, then, these, time, two, very, way, well, your. (31 words). See www.websters-online-dictionary.org

Puzzle #3: Level 1 - Most Common

Across
1 ultimo, durare, scorso
3 venire, vengo, vengono
8 attraverso, mediante, per mezzo di
9 dopo, dietro
13 pensare, pensa, pensano
15 tre
17 perfino, pari, piano
19 fa
22 fra, tra
23 anno, l'anno
25 dovere, mosto
26 molti, molte, molto
27 buono, bene, bravo

Down
2 così, tale
4 fare, fa', facciamo
5 diritto, destro, corretto
6 lavorare, lavoro, opera
7 dorso, indietro, schiena
8 prendere, prendete, prendi
10 quelli, quei, quelle
11 giù, abbasso
12 ancora, calmare, placare
14 qui, ecco, qua
16 perchè, considerato che, visto che
18 entrambi, ambedue, ambo
20 proprio, possedere
21 dire, di', dici
22 essendo, esistenza
24 troppo, anche
25 fatto, commesso, fabbricato

Solutions: after, back, because, being, between, both, come, does, down, even, good, here, last, made, make, many, must, own, right, say, still, such, take, think, those, three, through, too, work, year. (30 words). See www.websters-online-dictionary.org

Puzzle #4: Level 1 - Most Common

Across
1 mentre, durante, tempo
3 sotto
5 ogni, ciascuno, ognuno
9 prima, prima che, antistante
11 stesso
12 bisogno, aver bisogno di, esigenza
14 quando
16 vita, durata
17 sì
19 mondo
21 numero, numerare, cifra
25 altro, un altro
27 volere, vogliamo, voglio
28 pensato, pensiero

Down
2 casa, a casa
3 usare, usa, usano
4 finire, fine, terminare
6 ancora, di nuovo, nuovamente
7 casa, alloggiare, edificio
8 comunque, però, tuttavia
10 mai, giammai
13 giorno, giornata, il giorno
14 perchè
15 vecchio, antico
18 qualcosa
20 via
22 usato, impiegato, adoperato
23 uomo, l'uomo
24 andando, andare, andata
26 mettere, messo, mettete

Solutions: again, another, before, day, each, end, going, home, house, however, life, man, need, never, number, off, old, put, same, something, thought, under, use, used, want, when, while, why, world, yes. (30 words). See www.websters-online-dictionary.org

Puzzle #5: Level 1 - Most Common

Across
- 4 piccolo, poco
- 8 piccolo
- 10 trovare, fondete, fondi
- 11 ogni, ognuno, ciascuno
- 12 sebbene, benchè, anche se
- 13 caso, affare, astuccio
- 14 dopo, più tardi
- 17 gruppo, raggruppare, comitiva
- 18 guardare, aspetto, guarda
- 19 davvero, infatti, realmente
- 21 dice
- 23 uomini
- 24 contro, a fronte di
- 25 prossimo, seguente, dopo
- 26 punto, punta, puntare

Down
- 1 cinque
- 2 significare, mezzo, intendere
- 3 abbastanza, assai, molto
- 4 lungo, a lungo, da molto
- 5 cose
- 6 grande
- 7 luogo, mettere, posto
- 8 sistema, metodo
- 9 quattro
- 13 bambini
- 15 sempre
- 16 durante
- 17 dare, da', dai
- 20 dentro, entro, a
- 22 apparecchio, gruppo, mettere

Solutions: against, although, always, case, children, during, every, find, five, four, give, great, group, later, little, long, look, mean, men, next, place, point, quite, really, says, set, small, system, things, within. (30 words). See www.websters-online-dictionary.org

Puzzle #6:   Level 1 - Very Common

Across
2 pubblico
5 fatto
6 aiuto, aiutare, assistenza
8 forse
10 mano, lancetta, la mano
11 visto, segato
15 spesso, sovente, frequentemente
18 nazionale
21 niente, nulla
22 intorno, intorno a
25 meno, minore
26 acqua, annaffiare, bagnare
27 migliore, meglio

Down
1 già
3 migliore, meglio
4 denaro, soldi, moneta
5 fondere, fuso, fondare
6 testa, guidare, capo
7 preso, occupato
9 scuola, la scuola
12 senza
13 cosa, oggetto
14 fatto, finito, terminato
16 sebbene, benchè, comunque
17 avendo, avere
19 ulteriore, ulteriormente
20 considerato che, da, da allora
21 notte, la notte
23 dato, regalato
24 lontano, via

Solutions: already, around, away, better, done, fact, found, further, given, hand, having, head, help, less, money, national, night, nothing, often, perhaps, public, school, seen, since, taken, thing, though, water, without. (29 words). See www.websters-online-dictionary.org

Puzzle #7: Level 1 - Very Common

Across
1 giorni
4 quasi
6 paese, campagna, stato
11 finchè
12 capace, abile, adatto
13 dire, di', dici
15 sviluppo, evoluzione
16 se
19 faccia, viso, far fronte a
20 mezzo, metà, a metà
22 affare, faccenda, commercio
26 migliore, meglio
27 cambiamento, cambiare, cambiarsi

Down
1 facendo
2 camera, stanza, spazio
3 divenire, divengo, divengono
5 tempi
7 giovane, giovani
8 stesso, sè
9 grande, ampio
10 potenza, potere, forza
13 detto, raccontato, narrato
14 ancora, già, finora
16 dove
17 alto, elevato
18 abbastanza, sufficiente, assai
21 sinistra, sinistro, abbandonato
23 lato, fianco, partito
24 sei
25 settimana, la settimana

Solutions: able, almost, become, best, business, change, country, days, development, doing, enough, face, half, high, himself, large, left, power, room, side, six, tell, times, told, until, week, where, whether, yet, young. (30 words). See www.websters-online-dictionary.org

Puzzle #8: Level 1 - Very Common

Across

1 a, intorno a, verso
3 guerra
5 nome, chiamare, nominare
8 conservare, osservare, conserva
10 strada, cammino, via
12 pieno, completo, gremito
14 mercato, bazar, sbocco
17 affittare, affitta, affittano
19 corte, cortile, corteggiare
21 consiglio, concilio
22 maggiore, principale
23 chiesto, domandato
24 guardando
26 oggi
27 o, entrambi, l'uno o l'altro
28 domanda, contestare, disputare

Down

2 una volta
4 disponibile
6 mente, osservare, animo
7 automobile, auto, vettura
9 mai, sempre
11 niente, qualsiasi cosa, qualunque cosa
12 sentirsi, provare, sentire
13 altri
14 madre, la madre, mamma
15 seguente, seguendo, seguito
16 ufficio, carica, funzione
18 di fatto, realmente, effettivamente
20 sega, segare, la sega
25 aperto, aprire, apri

Solutions: actually, anything, asked, available, car, council, court, either, ever, feel, following, full, keep, let, looking, major, market, mind, mother, name, office, once, open, others, question, road, saw, today, towards, war. (30 words). See www.websters-online-dictionary.org

Puzzle #9: Level 1 - Very Common

Across

7 insieme
8 conosciuto, saputo
10 lavorazione, funzionamento, lavorativo
11 corpo, carrozzeria
13 ricerca, indagare, indagine
15 attraverso
17 grande, grosso
21 legge, diritto
23 rapporto, insegnare, annunciare
26 milione
27 presto, di buon'ora, precoce
28 usando, impiegando, adoperando
29 salute
30 porta, uscio, portiera

Down

1 libro, prenotare, riservare
2 lontano, distante
3 sopra, di sopra
4 dietro, dopo, di dietro
5 mostrare, mostra, mostrano
6 contenendo, includendo
9 voce
12 principale, essenziale
14 chiaro, distinto, chiarire
16 bambino, fanciullo, bambina
18 stesso, sè
19 facendo, commettendo, fabbricazione
20 parecchi
22 parole
24 guardato
25 padre, babbo

Solutions: above, across, behind, big, body, book, child, clear, door, early, far, father, health, including, itself, known, law, looked, main, making, million, report, research, several, show, together, using, voice, words, working. (30 words). See www.websters-online-dictionary.org

Puzzle #10:   Level 1 - Very Common

Across
- 4 donna, la donna
- 7 parso, sembrato
- 12 speciale, particolare, separato
- 13 fra, tra
- 14 correre, correte, corri
- 17 rotondo, arrotondare, intorno a
- 19 bianco
- 20 probabile, verosimile
- 22 sud, meridione
- 24 nero, negro
- 25 voluto
- 27 gestione, direzione, amministrazione
- 29 vista, guardare, veduta

Down
- 1 genere, gentile, specie
- 2 lavoro, impiego, compito
- 3 livello, piano, livellare
- 5 azione, processo, atto
- 6 perciò, quindi, per questo
- 8 mezzi, strumento, arnese
- 9 inizio, cominciare, principio
- 10 agire, atto, azione
- 11 comunità, collettività
- 15 contro, su
- 16 città
- 18 risultato, esito, discendere
- 19 intero, tutto, completo
- 21 prendendo
- 23 chiamato
- 26 personale, organico, rigo
- 28 età, epoca, era

Solutions: act, action, age, among, black, called, city, community, job, kind, level, likely, management, means, particular, result, round, run, seemed, south, staff, start, taking, therefore, upon, view, wanted, white, whole, woman. (30 words). See www.websters-online-dictionary.org

Puzzle #11: Level 1 - Somewhat Common

Across
1 ottenendo
5 pagare, paga, pagano
7 prova, testimonianza, evidenza
9 passato, oltre, pregresso
12 fa
15 chiesa, la chiesa
16 materia, faccenda, affare
18 piuttosto, abbastanza, alquanto
20 libero, liberare, gratuito
21 nord
24 mattina, mattino, mattinata
25 credere, credete, credi
27 qualche volta, talvolta, a volte
28 di chi, il cui

Down
2 provare, tentare, tentativo
3 amore, amare, volere bene
4 dieci
5 giocare, gioca, giocano
6 leggere, leggete, leggi
8 esperienza, provare
10 tavolo, tavola, tabella
11 specie, genere, assortire
13 morte, decesso
14 terzo
15 cura
17 ordine, ordinare, commessa
19 gamma, serie, estensione
22 pare, sembra
23 cosi, quindi
26 altro, diversamente, in modo diverso

Solutions: ago, believe, care, church, death, else, evidence, experience, free, getting, love, matter, morning, north, order, past, pay, play, range, rather, read, seems, sometimes, sort, table, ten, third, thus, try, whose. (30 words). See www.websters-online-dictionary.org

Puzzle #12:   Level 1 - Somewhat Common

Across
4 ovest, occidentale, occidente
6 via, strada
7 tasso, stimare, valutare
12 aria
14 fuori, esterno, esterne
17 signore
18 di solito, solitamente
19 muovere, muoversi, spostare
20 corso, percorso, piatto
21 andato
23 comitato
24 ieri
26 abbandonare, lasciare, partire
28 cento, centinaio
29 cibo, alimento, generi alimentari

Down
1 parola, vocabolo, formulare
2 pochi, poco
3 secolo
5 commercio, mestiere
8 squadra
9 ore
10 mani
11 chiedere, chiedete, chiedi
13 ricordare, ricorda, ricordano
15 gruppi
16 lingua, linguaggio, idioma
22 storia, la storia
25 davvero, infatti, di fatto
26 terra, atterrare, paese
27 girare, gira, girano

Solutions: air, ask, century, committee, course, few, food, gone, groups, hands, history, hours, hundred, indeed, land, language, leave, move, outside, rate, remember, sir, street, team, trade, turn, usually, west, word, yesterday. (30 words). See www.websters-online-dictionary.org

Puzzle #13:   Level 1 - Somewhat Common

Across

1 semplicemente
3 ruolo, parte
5 moglie, la moglie
7 reparto, ufficio, dipartimento
10 parere, paiamo, paio
11 comune, volgare, ordinario
12 ragione, causa, argomentare
13 stesso, sè
14 prezzo, tariffa
18 chiudere, vicino, chiudete
20 autorità
21 tipo, scrivere a macchina, digitare
22 vero
23 bisogno, necessità
25 otto
26 banca, banco, la banca
27 valore, valutare, stimare

Down

1 sette
2 città
4 amico, amica
6 precedente, passato
8 soprattutto, principalmente, specialmente
9 verbale, contravvenzione, minuti
11 chiamare, chiama, chiamano
14 carta, documento, tappezzare
15 tutto
16 sezione, divisione, comparto
17 lotto, destino, partita
19 qualcuno
24 dati, materiale, dato

Solutions: authority, bank, call, close, common, data, department, eight, especially, everything, former, friend, herself, lot, minutes, needs, paper, price, reason, role, section, seem, seven, simply, someone, town, true, type, value, wife. (30 words). See www.websters-online-dictionary.org

Puzzle #14: Level 1 - Somewhat Common

Across

3 speranza, sperare, spera
4 basato
6 letto, il letto
7 vivere, abitare, vivete
8 viene
10 capire, capiamo, capisci
13 tassa, imposta, tassare
14 bastonare, compagnia
16 palcoscenico, fase, scena
17 est, levante, orientale
18 genitori, i genitori, padre e madre
20 pratica, esercizio, praticare
22 vicino, prossimo, presso
24 fondo, suolo, terra
25 fra poco, presto
26 dicendo, detto, proverbio
27 ragazza, piccola, la ragazza

Down

1 straniero, estero, straniera
2 duro, pesante, difficile
5 settimane
6 portare, porta, portano
9 forte, robusto
11 prima
12 fa, commette
13 girato, svoltato, cambiato
15 pubblicare, emissione, emettere
16 certo, sicuro
19 venti
21 venendo
23 riposo, riposarsi, riposare

Solutions: based, bed, bring, club, comes, coming, earlier, east, foreign, girl, ground, hard, hope, issue, live, makes, near, parents, practice, rest, saying, soon, stage, strong, sure, tax, turned, twenty, understand, weeks. (30 words). See www.websters-online-dictionary.org

Puzzle #15:   Level 1 - Somewhat Common

Across

1 contenere, contenete, contengo
6 segretario, segretaria
8 cima
9 soggetto, argomento, oggetto
10 ospedale, nosocomio, l'ospedale
11 perso, perduto, smarrito
12 campo, settore
14 chiunque, nessuno
16 capitolo
18 povero, cattivo
19 incontrando, convegno, riunione
21 accesso, approccio, avvicinare
24 corto, basso, breve
25 va
26 capelli, capello, pelo
28 parlare, parla, parlano
29 conto, considerare, credere

Down

2 notizie, notizia, novità
3 malgrado, nonostante
4 base
5 conoscenza, cognizione
7 chiaramente
13 aumento, aumentare, ingrandire
15 taglio, tagliare, tagliato
17 per favore, piacere, per piacere
19 mese, il mese
20 gioco, giuoco, cacciagione
22 registrare, disco, registrazione
23 reale
27 arte, l'arte

Solutions: account, anyone, approach, art, basis, chapter, clearly, cut, despite, field, game, goes, hair, hospital, include, increase, knowledge, lost, meeting, month, news, please, poor, record, royal, secretary, short, subject, talk, top. (30 words). See www.websters-online-dictionary.org

Puzzle #16: Level 1 - Common

Across
2 accordo, affare, trattare
4 luce, leggero, accendere
6 ragazzo, servire
7 sera, la sera, serata
10 re
11 fuoco, incendio, sparare
12 incontrare, incontra, incontrano
14 sotto, giù, dabbasso
15 semplice
17 asse, consiglio, tavola
18 forza, forzare, costringere
21 udire, odi, odo
22 sicurezza, garanzia, titolo
24 movimento, mossa
25 edificio, costruzione, palazzo
26 piedi
27 risposta, rispondere, replicare

Down
1 sbagliato, errato, scorretto
3 lungo
5 interno, dentro, a
7 ognuno, tutti
8 nove
9 a
13 importo, somma, ammontare
14 cattivo, male
16 direttore, amministratore, dirigente
19 caso
20 umano
22 fermare, ferma, fermano
23 ritorno, ritornare, restituire

Solutions: along, amount, answer, bad, below, board, boy, building, chance, deal, evening, everyone, feet, fire, force, hear, human, inside, king, light, manager, meet, movement, nine, per, return, security, simple, stop, wrong. (30 words). See www.websters-online-dictionary.org

Puzzle #17: Level 1 - Common

Across
2 popolazione
7 piacevole, buono, gradevole
8 mare
10 crescita, sviluppo, accrescimento
11 dimensione, grandezza, formato
12 tenere, stiva, mantenere
15 chi, cui
16 ambiente
21 prestazione, adempimento, prestazioni
23 morto
24 cuore, il cuore
25 progetto, proiettare, piano
27 avanti, attaccante, in avanti

Down
1 disegno, progetto, disegnare
2 progettare, progetto, piano
3 premere, pressa, pressare
4 teoria
5 pezzo, morso, pezzetto
6 parentela, relazione, rapporto
9 piombo, condurre, conducete
10 dando, regalando
13 tardi, tardo, in ritardo
14 figlio, figliolo, il figlio
15 qualunque, qualsiasi cosa, qualunque cosa
17 esempio, modello
18 accordo, patto, accomodamento
19 spazio, intervallo
20 scritto
22 ne
26 rosso

Solutions: agreement, bit, design, died, environment, example, forward, giving, growth, heart, hold, late, lead, nice, nor, performance, plan, population, press, project, red, relationship, sea, size, son, space, theory, whatever, whom, written. (30 words). See www.websters-online-dictionary.org

Puzzle #18: Level 1 - Common

Across
- 2 coppia, accoppiare, coniugi
- 5 multa, contravvenzione, multare
- 8 comprare, comperare, acquistare
- 9 reddito, entrate, introito
- 10 valore
- 12 scelta
- 13 ringraziare, ringrazi, ringrazia
- 15 prova, provare, esame
- 16 progetto, schema, piano
- 19 abbassare, inferiore, abbassa
- 22 aggiunto, addizionato
- 24 felice, contento, beato
- 26 improvvisamente, ad un tratto
- 27 trattamento
- 28 comunque

Down
- 1 precedente
- 2 corrente, attuale
- 3 basso
- 4 interessato
- 6 presto, rapidamente, velocemente
- 7 punti, scambio
- 11 azione, parte, spartire
- 14 oltre, attraverso, dopo
- 17 innescare, principale
- 18 bene, buono
- 20 suono, sonare, suonare
- 21 muro, parete
- 23 data, dattero, appuntamento
- 25 morto
- 26 stare, sta', stai

Solutions: added, anyway, beyond, buy, choice, concerned, couple, current, date, dead, fine, happy, income, low, lower, okay, points, previous, prime, quickly, scheme, share, sound, stay, suddenly, test, thank, treatment, wall, worth. (30 words). See www.websters-online-dictionary.org

Puzzle #19: Level 1 - Common

Across

1 settentrionale, nordico
4 desiderio, desiderare, volere
6 parlando, parlare
8 apparire, appaio, appaiono
10 aspettato, atteso
11 a meno che, eccetto che
15 estate, l'estate
18 tecnologia
20 bracci
23 ora, l'ora
25 permettere, permettete, permetti
26 ovviamente, evidentemente
27 rischio, arrischiare, rischiare
28 marito, sposo

Down

2 richiesto
3 seguito
5 successo, avvenuto
6 insegnanti
7 perdita, danno, deficit
8 attività, occupazione
9 parentado
12 stagione, condire
13 esercito, armata
14 inizio, cominciando, principio
16 quasi
17 coinvolto
19 facile, semplice
21 segno, marcare, marchio
22 pavimento, piano
24 addolorato, spiacente

Solutions: activity, allow, appear, arms, army, beginning, easy, expected, floor, followed, happened, hour, husband, involved, loss, mark, nearly, northern, obviously, relations, required, risk, season, sorry, summer, talking, teachers, technology, unless, wish. (30 words). See www.websters-online-dictionary.org

Puzzle #20: Level 1 - Common

Across

5 giardino
7 albergo
8 popolare
10 riuscito
12 conservato, osservato, trattenuto
15 consiglio, avviso, annunzio
17 parco, parcheggiare
18 stile, stilo, moda
19 pagina, valletto
21 forse
22 immagine, illustrazione, pittura
25 pensando
26 pagato
27 negozio, bottega, officina
28 consapevole, cosciente
29 scrivere, scrivete, scrivi

Down

1 vendite
2 assicurare, assicura, assicurano
3 ti
4 mille
6 aspettare, aspetta, aspettano
9 tazza, coppa, calice
11 contea
13 esattamente, giusto, giustamente
14 sentimento, sensazione
16 indipendente
20 finestra, sportello, finestrino
21 incontrato
23 dà, regala
24 pesce, pescare, il pesce

Solutions: advice, aware, county, cup, ensure, exactly, expect, feeling, fish, garden, gives, hotel, independent, kept, maybe, met, page, paid, park, picture, popular, sales, shop, style, successful, thinking, thousand, window, write, yourself. (30 words). See www.websters-online-dictionary.org

Puzzle #21: Level 1 - Not Very Common

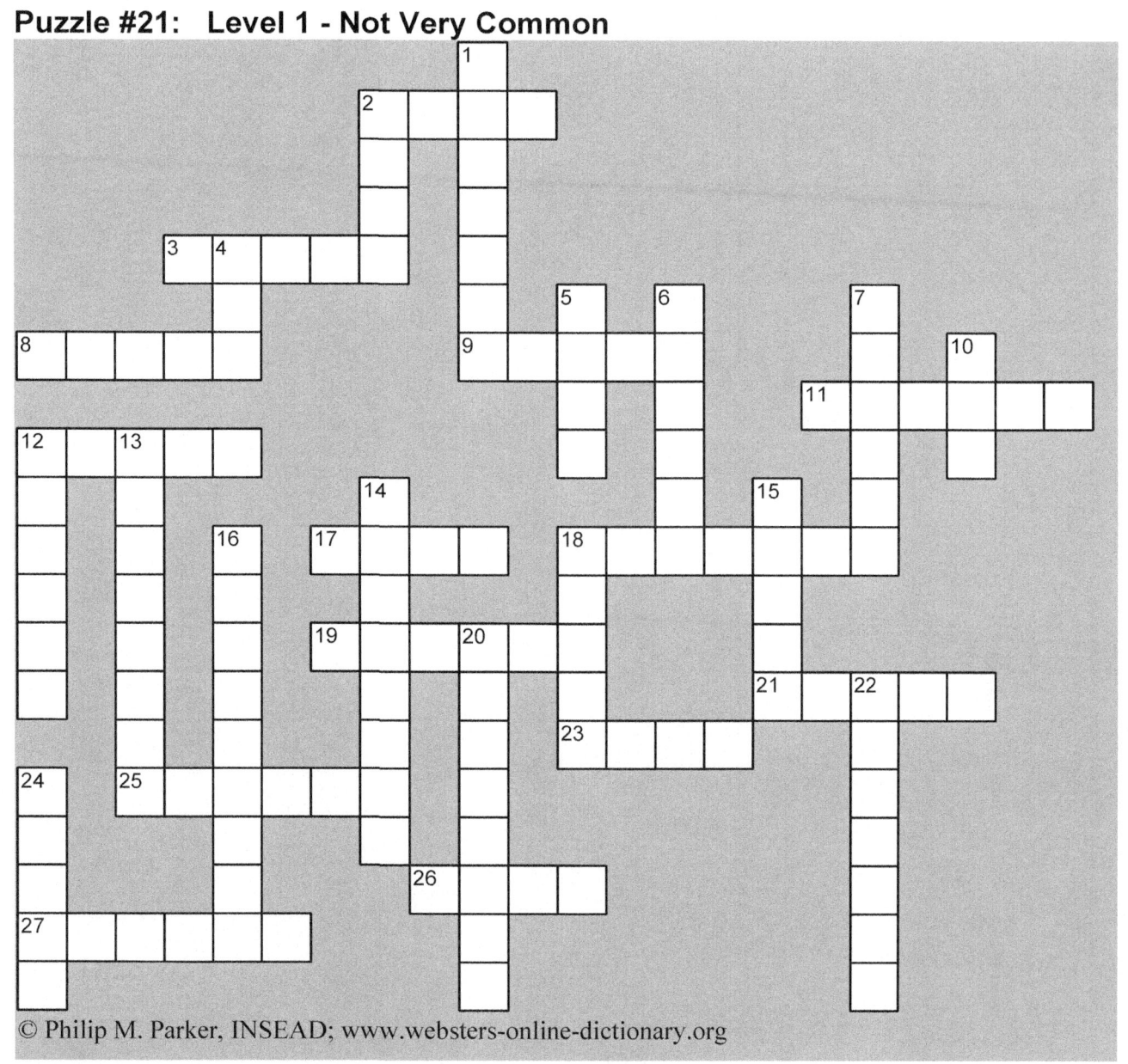

Across
2 abbattere
3 reclamo, rivendicazione, pretendere
8 sangue
9 beni, merce
11 vivendo, abitando, vivo
12 portare, porta, portano
17 sala, salone
18 segue
19 medico, dottore
21 stare in piedi, granaio, alzarsi
23 mandato, spedito
25 limite
26 conto, fattura, becco
27 grado, laurea

Down
1 giocando, suonando
2 pellicola, filmare
4 condotto, guidato
5 rosa
6 utile
7 prezzi
10 olio, petrolio, l'olio
12 carica, carico, addebito
13 risposta, reazione
14 maggioranza
15 guarda
16 efficace, effettivo
18 moduli
20 addestramento, formazione, allenamento
22 tentativo, provare, prova
24 pronto, disposto

Solutions: attempt, bill, blood, carry, charge, claim, degree, doctor, effective, extent, fell, film, follows, forms, goods, hall, led, living, looks, majority, oil, playing, prices, ready, response, rose, sent, stand, training, useful. (30 words). See www.websters-online-dictionary.org

© Philip M. Parker, INSEAD; www.websters-online-dictionary.org

Puzzle #22: Level 1 - Not Very Common

© Philip M. Parker, INSEAD; www.websters-online-dictionary.org

Across

6 seguire, segui, seguiamo
7 signora, dama
8 mancanza, mancare, carenza
10 fiume
11 commosso
12 richiesta, domanda, esigere
14 occidentale
15 occupazione, impiego, lavoro
20 conducendo, guidando
22 autunno, cadere, caduta
25 correndo, funzionamento, corrente
27 posare, posa, posano
28 concordato, pattuito
29 luogo, sito, posto
30 fiducia, confidenza, affidamento

Down

1 concorrenza, concorso, competizione
2 presidente
3 coprire, coperta, copertura
4 dichiarazione, estratto conto, istruzione
5 occhio, cruna
9 mezzo, medio, di mezzo
13 parlare, parla, parlano
16 fisico
17 permesso
18 facilmente
19 figlia, figliola, figliuola
21 ragazze
23 titolo
24 largo, ampio, vasto
26 vetro, bicchiere, cristallo

Solutions: agreed, allowed, chairman, competition, cover, daughter, demand, easily, employment, eye, fall, follow, girls, glass, lack, lady, lay, leading, middle, moved, physical, river, running, site, speak, statement, title, trust, western, wide. (30 words).
See www.websters-online-dictionary.org

Puzzle #23: Level 1 - Not Very Common

Across
4 infine
10 scopo, proposito, fine
12 trenta
13 esistendo, esistente
18 elezione, scelta
19 armare, braccio, arma
20 compito, lavoro, incarico
21 verde, acerbo
23 vincere, vincete, vinci
25 abbandonando, lasciando, partendo
26 vive, abita
27 regola, governare, dominare
28 nota, biglietto, annotazione

Down
1 pezzo, parte, porzione
2 pesante, grave
3 bambino, bebè, lattante
5 domani
6 capacità, abilità, competenza
7 capo
8 portato, trasportato
9 lavorato
10 modello, motivo, schema
11 ricevuto, accolto
14 superficie, cima
15 stazione, posto, posta
16 bocca, imboccatura, foce
17 fonte, sorgente, origine
22 altamente, estremamente
23 camminare, cammina, camminano
24 metodo, modo

Solutions: ability, arm, baby, carried, election, eventually, existing, green, heavy, highly, leader, leaving, lives, method, mouth, note, pattern, piece, purpose, received, rule, source, station, surface, task, thirty, tomorrow, walk, win, worked. (30 words).
See www.websters-online-dictionary.org

Puzzle #24: Level 1 - Not Very Common

Across

2 completamente, pienamente
4 insegnante, maestro, maestra
5 sviluppare, svilupparsi, sviluppa
6 scatola, cassa, cassetta
7 ufficiali
9 proporre, indicare, proponete
12 rimanere, rimanete, rimango
15 pace
17 tè
21 malattia, male, morbo
23 vendita, smercio, svendita
24 rompere, rottura, rompersi
27 bello, carino, bella
28 macchina
29 succedere, succedete, succedi

Down

1 caldo, piccante
2 fattori
3 riguardare, concernere, azienda
8 leggermente, lievemente
10 problema, disturbare, disturbo
11 vuole
13 carattere, indole, natura
14 altrimenti
16 attrezzatura, apparecchiatura, equipaggiamento
18 alzarsi, aumento, salire
19 equilibrio, saldo, bilanciamento
20 appena, a malapena, a stento
22 orologio, guardare, sorvegliare
25 sole
26 sedere, sedete, sediamo

Solutions: balance, beautiful, box, break, character, concern, develop, disease, equipment, factors, fully, happen, hardly, hot, machine, officers, otherwise, peace, remain, rise, sale, sit, slightly, suggest, sun, tea, teacher, trouble, wants, watch. (30 words). See www.websters-online-dictionary.org

Puzzle #25: Level 1 - Not Very Common

Across

2 sicurezza
5 ambientale
8 aggiungere, aggiungete, aggiungi
9 altoparlante, conferenziere, oratore
12 sesso
14 funzione, funzionare, impiego
16 contante, cassa, contanti
17 imparare, impara, imparano
19 conosce, sa
23 stabilito, constatato, fuso
25 lega, banda
26 fornisce, provvede
27 avviso, notare, osservare

Down

1 pomeriggio
3 cinquanta
4 blu, azzurro, turchino
6 ne, neanche, nemmeno
7 ovvio, evidente, chiaro
8 argomento
10 fratello, il fratello
11 vinto
13 scambio, cambio, borsa
14 ditta, azienda, impresa
15 sviluppato
18 nessuno
19 cucina, la cucina
20 speso, passato
21 peso, carico
22 settore
24 aspettare, aspetta, aspettano

Solutions: add, afternoon, argument, blue, brother, cash, developed, environmental, established, exchange, fifty, firm, function, kitchen, knows, league, learn, neither, none, notice, obvious, provides, safety, sector, sex, speaker, spent, wait, weight, won. (30 words). See www.websters-online-dictionary.org

Puzzle #26: Level 1 - Easy

Across

3 biblioteca, libreria, la biblioteca
5 aiutare, aiuto, assistere
7 firmare, segno, segnale
9 cane, il cane
11 giocato, suonato
13 esecutivo, dirigente
14 rimane, resta, resti
16 indagine, rilevamento, sondaggio
23 profondo, fondo, cupo
24 verità
25 caratteristiche, fattezze
26 pianificazione, progettazione, programmazione
27 mandare, manda, mandano
28 fabbro

Down

1 chiave, tasto, chiavetta
2 funzionario, ufficiale, impiegato
4 bilancio, bilancio preventivo, bilancio di previsione
6 dovere, dazio, imposta
8 più
9 azionamento, comando, guidare
10 fornitura, rifornimento, approvvigionamento
12 scuro, buio, oscuro
15 concordare, concorda, concordano
16 diritto, destro, dritto
17 spiegare, spiega, spiegano
18 fiammifero, accoppiare, cerino
19 pertinente
20 passo, gradino, scalino
21 nato
22 evitare, evita, evitano

Solutions: agree, aid, avoid, born, budget, dark, deep, dog, drive, duty, executive, explain, features, key, library, match, officer, planning, played, plus, relevant, remains, send, sign, smith, step, straight, supply, survey, truth. (30 words). See www.websters-online-dictionary.org

Puzzle #27: Level 1 - Easy

Across
1. pietra, calcolo, sasso
5. diventa, diviene
8. sedia, la sedia
11. marrone, bruno, rosolare
12. appare
14. matrimonio
18. ottiene
21. esercizio, esercitazione, esercitare
24. lentamente
25. ultimo
26. maschio, maschile
27. pratico, reale
28. enorme, immenso
29. paura, temere, angoscia

Down
2. sforzo, fatica
3. testo
4. arrivare, portata, raggiungere
6. cavallo, il cavallo
7. telefono, telefonare
9. evidentemente, apparentemente
10. discorso, orazione, parola
13. proposto, suggerito
15. crescente, in aumento
16. carriera
17. pianta, piantare, impianto
19. rimasto, restato
20. riferito
22. aggiudicazione, premio, aggiudicare
23. fallimento, guasto, avaria
26. mamma

Solutions: apparently, appears, award, becomes, brown, career, chair, effort, exercise, failure, fear, gets, horse, huge, increasing, latter, male, marriage, mum, phone, plant, practical, reach, remained, reported, slowly, speech, stone, suggested, text. (30 words). See www.websters-online-dictionary.org

Puzzle #28: Level 1 - Easy

Across
1 riferimento, referenza
4 mangiare, mangi, mangia
5 angolo
7 sorella, la sorella
10 cominciare, cominci, comincia
11 squama, scala, bilancia
12 invece
15 congiungere, congiungete, congiungi
17 orlo, bordo, spigolo
19 parere, opinione, avviso
21 scrivendo, scrittura
23 immagine, figura, illustrazione
24 commovente, spostamento, toccante
25 soltanto
26 palla, ballo, sfera
27 sposato, si sposato

Down
2 razza, corsa, correre
3 piede, base, il piede
4 espressione, aria, locuzione
5 capo, principale
6 ricevere, ricevete, ricevi
7 velocità, andatura, rapidità
8 vento, flatulenza, avvolgere
9 sedendo, covando, seduta
13 aggiuntivo, addizionale, supplementare
14 mettendo, ponendo
16 freddo, raffreddore
18 crescendo, coltivando
20 nomi
22 regolare, normale

Solutions: additional, ball, begin, chief, cold, corner, eat, edge, expression, foot, growing, image, instead, join, married, merely, moving, names, opinion, putting, race, receive, reference, regular, scale, sister, sitting, speed, wind, writing. (30 words). See www.websters-online-dictionary.org

Puzzle #29: Level 1 - Easy

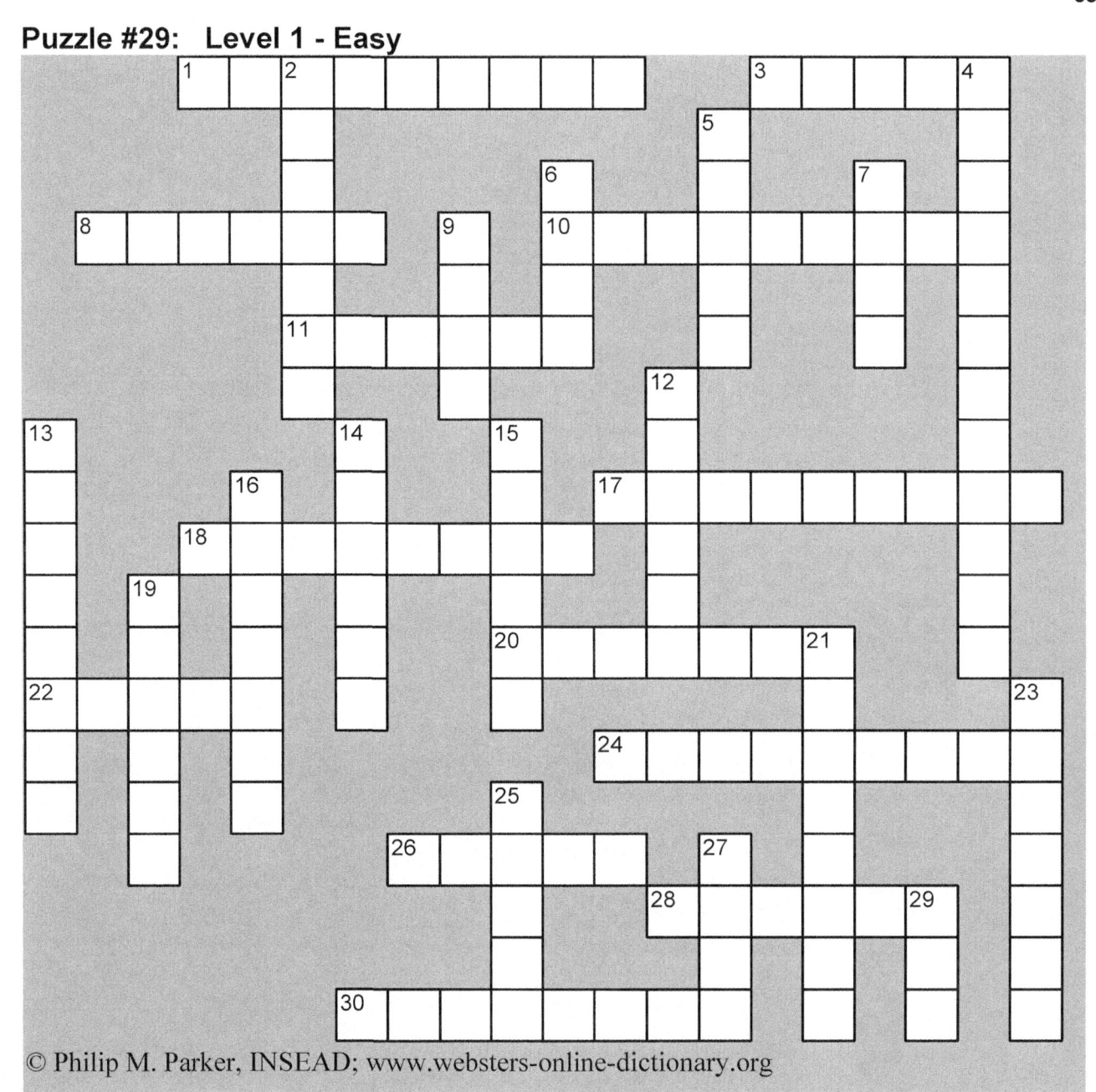

© Philip M. Parker, INSEAD; www.websters-online-dictionary.org

Across

1 attentamente
3 treno, addestrare, ammaestrare
8 principalmente, soprattutto
10 vantaggio, beneficio, guadagno
11 attivo, operoso, laborioso
17 attualmente, oggigiorno
18 qualcuno, qualcheduno
20 veste, vestiti
22 costruire, edificare, fabbricare
24 assicurazione
26 raggio
28 lunghezza, durata
30 potente

Down

2 ferrovia
4 tuttavia, nonostante
5 disegnato
6 salvare, salva, salvano
7 dolore, addolorare, affliggere
9 pelle, cute, spellare
12 comprato
13 forse, possibilmente
14 aperto
15 ridurre, riducete, riduci
16 giorno festivo, vacanza, festa
19 sorriso
21 forza, resistenza, potenza
23 leggendo, lettura
25 peggiore, peggio
27 vendere, vendete, vendi
29 colpire, picchiare, battere

Solutions: active, advantage, bought, build, carefully, clothes, currently, drawn, hit, holiday, insurance, length, mainly, nevertheless, opened, pain, possibly, powerful, railway, reading, reduce, save, sell, skin, smiled, somebody, spoke, strength, train, worse. (30 words). See www.websters-online-dictionary.org

Puzzle #30: Level 1 - Easy

Across

1 completamente, interamente
3 caro, costoso, egregio
4 caldo, caloroso, scaldare
9 bere, bevanda, bibita
14 scegliere, scegli, scegliamo
15 sessuale
16 rete
20 contiene, include
22 compiere, compi, compiamo
23 aver bisogno di, richiedere, necessitare
25 papà
26 precedentemente, davanti
27 danno, danneggiare, avaria
28 stanotte, stasera

Down

2 trasporto, trasportare
5 reale, effettivo, attuale
6 inverno, l'inverno
7 sorridere, sorriso
8 ricco
10 rotto, spezzato
11 fermato, cessato, interrotto
12 ucciso
13 capendo, comprendendo, comprensione
14 fiducia, confidenza, affidamento
15 in qualche luogo, da qualche parte
17 estremamente, assai, molto
18 tecnico
19 pubblicato
21 dormire, sonno, dormi
24 legno, bosco, selva

Solutions: achieve, actual, broken, choose, confidence, dad, damage, dear, drink, entirely, extremely, includes, killed, network, previously, published, require, rich, sexual, sleep, smile, somewhere, stopped, technical, tonight, transport, understanding, warm, winter, wood. (30 words). See www.websters-online-dictionary.org

Puzzle #31: Level 1 - Fairly Easy

Across
2 articoli
4 fruire, godere
9 decente, proprio
11 amministrazione, gestione, somministrazione
13 regno, reame
14 sparato, sparo, tiro
15 abbastanza, equamente
16 impedire, impediamo, impedisci
19 armadietto, gabinetto, armadio
20 significato, intenzione, accezione
22 collina, colle, altura
23 dibattito, dibattere, discussione
25 giustizia
27 dodici
28 delitto, crimine, reato
29 propone, suggerisce

Down
1 conveniente, divenendo
3 quaranta
5 disegnare, disegna, disegnano
6 secco, seccare, asciutto
7 vista, aspetto, apparenza
8 presentato, introdotto
10 ugualmente
12 esistenza
14 farcire, imbottire, materiale
17 eccellente, esimio, ottimo
18 camminato
21 compiuto, conseguito
24 indirizzo, indirizzare, discorso
26 gambe

Solutions: achieved, address, administration, becoming, cabinet, crime, debate, draw, dry, enjoy, equally, excellent, existence, fairly, forty, hill, introduced, items, justice, kingdom, legs, meaning, prevent, proper, shot, sight, stuff, suggests, twelve, walked. (30 words). See www.websters-online-dictionary.org

Puzzle #32: Level 1 - Fairly Easy

Across

1 confrontato, paragonato
4 incidente, accidente, disgrazia
6 certamente, sicuramente
8 eguale, uguale, pari
10 votare, voto, voce
13 valutazione, accertamento
15 albero, l'albero
16 fondo, capitale, riserva
18 regina
19 roccia, cullare, dondolare
21 prigione, carcere
24 ufficiale, funzionario, impiegato
26 media, medio, mezzo
27 fine settimana
28 prova, esperimento
29 documenti

Down

2 annunciato, annunziato
3 quotidiano, giornaliero, quotidianamente
5 perdere, perdete, perdi
7 incapace
9 libbra, pestare, sterlina
11 pioggia, piovere, la pioggia
12 adattare, aggiustare, apoplessia
14 miniera, estrarre, mina
16 fattoria, podere, coltivare
17 caffè
20 assegno, verificare, assegno bancario
22 rilievo, sollievo
23 ponte, ponte di comando, plancia
25 combattere, duellare, lotta

Solutions: accident, announced, assessment, average, bridge, check, coffee, compared, daily, equal, farm, fight, fit, fund, lose, mine, official, papers, pound, prison, queen, rain, relief, rock, surely, tree, trial, unable, vote, weekend. (30 words). See www.websters-online-dictionary.org

Puzzle #33:   Level 1 - Fairly Easy

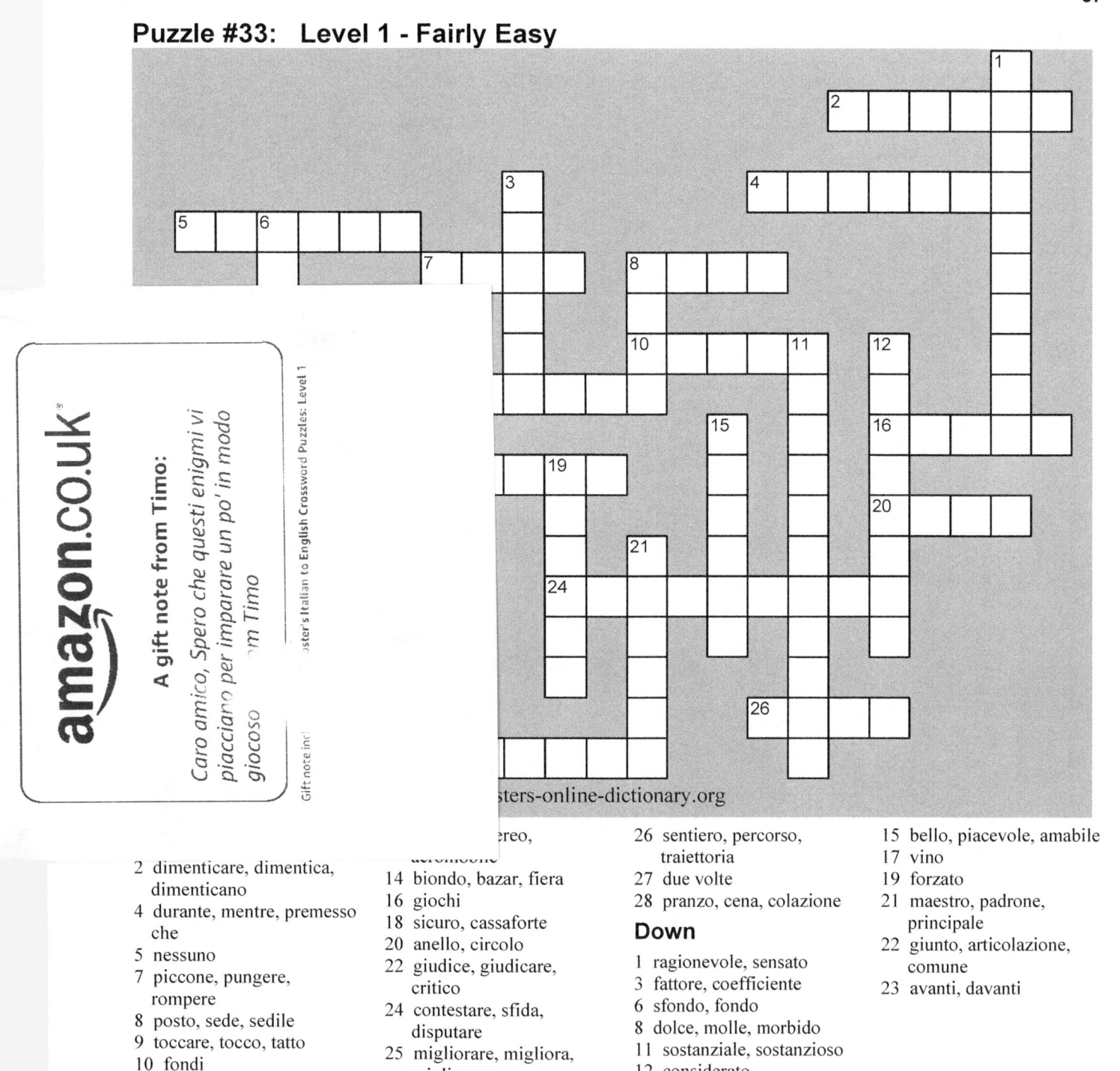

2 dimenticare, dimentica, dimenticano
4 durante, mentre, premesso che
5 nessuno
7 piccone, pungere, rompere
8 posto, sede, sedile
9 toccare, tocco, tatto
10 fondi

14 biondo, bazar, fiera
16 giochi
18 sicuro, cassaforte
20 anello, circolo
22 giudice, giudicare, critico
24 contestare, sfida, disputare
25 migliorare, migliora, migliorano

26 sentiero, percorso, traiettoria
27 due volte
28 pranzo, cena, colazione

Down

1 ragionevole, sensato
3 fattore, coefficiente
6 sfondo, fondo
8 dolce, molle, morbido
11 sostanziale, sostanzioso
12 considerato

15 bello, piacevole, amabile
17 vino
19 forzato
21 maestro, padrone, principale
22 giunto, articolazione, comune
23 avanti, davanti

Solutions: ahead, aircraft, background, challenge, dinner, factor, fair, forced, forget, funds, games, improve, joint, judge, lovely, master, nobody, path, pick, reasonable, regarded, ring, safe, seat, soft, substantial, touch, twice, whereas, wine. (30 words). See www.websters-online-dictionary.org

Puzzle #34: Level 1 - Fairly Easy

© Philip M. Parker, INSEAD; www.websters-online-dictionary.org

Across

3 costruzione
8 pauroso, angoscioso, impaurito
9 avviamento, avvio, cominciare
13 atteggiamento, assetto
14 concessione, accordare, sovvenzione
16 mostrando
17 ognuno, ogni, tutti
18 in piedi
22 comunicazione, annunzio, comunicato
23 paio, coppia, accoppiare
24 dovuto
26 dettaglio, particolare
28 caratteristica, carattere, funzione
29 forma, formare, figura

Down

1 libertà
2 quarto, quarta
4 preso, colpito
5 bersaglio, obiettivo, proposito
6 maniera, modo
7 croce, attraversare, incrociare
10 figurarsi, immaginare, immagina
11 pericolo
12 scopo, proposito
15 imparando, apprendimento
16 adatto, conveniente, idoneo
19 doppio, sosia, duplice
20 venduto
21 dovere
25 utente, utilizzatore
27 pista, traccia, binario

Solutions: afraid, aim, attitude, caught, communication, construction, cross, danger, detail, double, due, everybody, feature, fourth, freedom, grant, imagine, learning, manner, ought, pair, shape, showing, sold, standing, starting, suitable, target, track, user. (30 words). See www.websters-online-dictionary.org

Puzzle #35: Level 1 - Fairly Easy

Across
5 alzare, aumentare, elevare
6 vissuto, abitato
7 accanto, a, su
9 succede, avviene
10 tempo
12 calcio, pallone
13 oggetto, cosa, scopo
15 sanguinante, maledetto, sanguinoso
16 chiedendo, domandando
17 assenza, mancanza
18 vedendo, segando
20 dubitare, dubbio
21 facile
22 ridotto
24 costoso, caro, dispendioso
25 conservando, osservando, trattenendo
26 durante

Down
1 disoccupazione
2 orientale
3 dettagliato
4 misura, misurare, provvedimento
8 pulito, pulire, puliamo
11 trasferimento, cessione, trasferire
13 rendimento, uscita, produzione
14 chiuso
17 assolutamente, davvero, infatti
18 frase, condannare, giudizio
19 scopo, meta, proposito
20 pericoloso
23 campi

Solutions: absence, absolutely, asking, beside, bloody, clean, closed, dangerous, detailed, doubt, easier, eastern, expensive, fields, football, goal, happens, keeping, lived, measure, object, output, raise, reduced, seeing, sentence, transfer, unemployment, weather, whilst. (30 words). See www.websters-online-dictionary.org

Puzzle #36: Level 1 - Not So Easy

Across

1 vuoto, vuotare, vacuo
4 camminando, camminare
5 impegno
6 viaggiare, viaggi, viaggia
8 portando, trasportando
11 scelto, eletto
12 brillante, luminoso, chiaro
14 altrove
16 creduto
18 dicendo, raccontando, narrando
21 ricerca, cerca, cercare
22 girando, svoltando, svolta
24 accadere, succedere, accadete
26 copia, copiare
27 ascoltare, ascolta, ascoltano
28 largamente
29 aspettando, attesa, servizio

Down

2 grazioso, bellino, carino
3 improbabile
7 vittoria
8 carta, scheda
9 riconoscimento
10 omicidio, assassinare, assassinio
13 liberare, rilasciare, rilascio
15 storico
17 visualizzazione, esporre, esposizione
19 ottenuto
20 in parte, parzialmente
23 molla, sorgente, primavera
25 calore, riscaldare, ardore

Solutions: believed, bright, card, carrying, chosen, commitment, copy, display, elsewhere, empty, heat, historical, listen, murder, obtained, occur, partly, pretty, recognition, release, search, spring, telling, travel, turning, unlikely, victory, waiting, walking, widely. (30 words). See www.websters-online-dictionary.org

Puzzle #37: Level 1 - Not So Easy

Across

3 reazione
4 scoperto
7 opzione, alternativa, scelta
10 tomaia, superiore
11 minaccia
12 udienza, uditorio, pubblico
15 calmare, placare, quieto
17 spiegato
19 crescere, coltivare, crescete
20 battere, picchiare, battimento
22 montaggio, accumulazione, assemblea
24 grazie, ringrazia
26 spesa
27 collo, il collo, pomiciare
28 barca, battello, imbarcazione

Down

1 mantenere, conservare, mantenete
2 giro
3 riforma, riformare
5 cammino, itinerario, strada
6 meridionale, del sud
8 regolazione
9 minimo, meno
13 attentamente
14 apparenza, aspetto, aria
16 cricco, fante, cric
17 esistere, esistete, esisti
18 morire, moriamo, morite
21 minuscolo, piccolo
23 fattoria, patrimonio, tenuta
25 cercare, cerca, cercano

Solutions: appearance, assembly, audience, beat, boat, closely, die, discovered, estate, exist, expenditure, explained, grow, jack, least, maintain, neck, option, quiet, reaction, reform, route, seek, setting, southern, thanks, threat, tiny, tour, upper. (30 words). See www.websters-online-dictionary.org

Puzzle #38: Level 1 - Not So Easy

Across
1 appartenenza
5 preoccupazione, angustiare
6 eccetto, salvo, tranne
9 femmina, femminile
10 ramo, filiale, succursale
12 quindici
14 definito, fissato, determinato
15 fatti
16 paziente
20 richiede
21 istituto, istituire
23 apparso
24 totale, camice, complessivo
26 inferno
27 autobus, pullman, corriera
28 diretto

Down
2 enfasi
3 pagamento
4 congiunto, legato, unito
6 entrare, entra, entrano
7 coperto
8 fuoco, foco, focolaio
11 rispettare, rispetto, stima
12 fede, fiducia
13 constatare, fondere, stabilire
17 quadrato, piazza, quadro
18 fondendo, fondando
19 abbandona, lascia, parte
22 giocatore
25 gamba, cosciotto, la gamba

Solutions: appeared, branch, bus, covered, determined, emphasis, enter, establish, except, facts, faith, female, fifteen, finding, focus, hell, institute, joined, leaves, leg, managed, membership, overall, patient, payment, player, requires, respect, square, worry. (30 words). See www.websters-online-dictionary.org

Puzzle #39: Level 1 - Not So Easy

Across

2 letteratura
5 pacchetto, confezione, imballaggio
7 diffondere, diffusione, spargere
10 autista, conduttore, guidatore
11 occupato, affaccendato, indaffarato
12 aiutato
13 riguardato
14 signore, galantuomo, gentiluomo
17 benvenuto, accoglienza, bene arrivate
20 oro, d'oro
21 carbone
24 veloce, digiuno, presto
25 pranzo, pranzare, colazione
27 nascita, parto
28 sorprendere, sorpresa, meraviglia
29 indagine, esame, investigazione

Down

1 alito, fiato, respiro
3 sostituito, rimpiazzato
4 orso, produrre, ribassista
6 accurato, attento, cauto
8 largo, ampio
9 sì
11 fondo, basso, carena
15 sotto
16 piacere, gradimento
18 corona
19 esposizione, mostra, fiera
22 credenza, fede, opinione
23 stella, la stella, astro
26 magro, sottile

Solutions: affected, aye, bear, belief, beneath, birth, bottom, breath, broad, busy, careful, coal, crown, driver, exhibition, fast, gentleman, gold, helped, investigation, literature, lunch, package, pleasure, replaced, spread, star, surprise, thin, welcome. (30 words). See www.websters-online-dictionary.org

Puzzle #40: Level 1 - Not So Easy

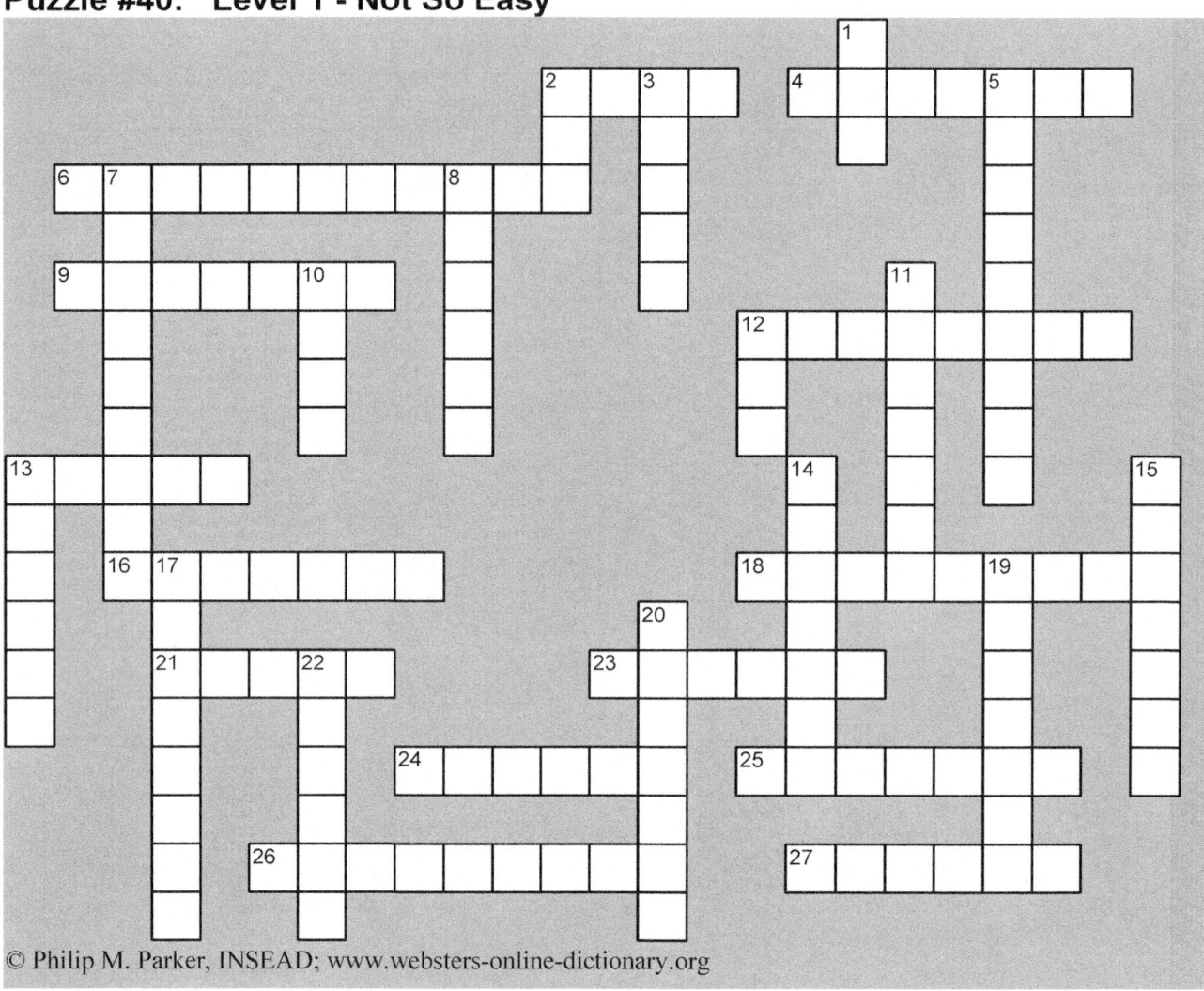

Across

2 lento
4 capitano
6 efficacemente, effettivamente
9 nessuno, qualcuno
12 esterno, esterne, esteriore
13 negozi
16 strade
18 giornale
21 solo, da solo, solamente
23 abbondanza, affluenza, molto
24 colpire, picchiare, battere
25 imparentato, raccontato, congiunto
26 meraviglioso, stupendo, splendido
27 trattato

Down

1 borsa, sacchetto, sacco
2 cielo
3 proprietario, possessore, titolare
5 nominato
7 funzioni
8 motore, macchina, locomotiva
10 debito
11 dipende
12 ecc
13 schermo, vaglio, paravento
14 teatro
15 socio
17 insegnando, insegnamento
19 antico
20 anziano
22 stretto, angusto, ristretto

Solutions: alone, ancient, anybody, appointed, bag, captain, debt, depends, effectively, elderly, engine, etc, external, functions, narrow, newspaper, owner, partner, plenty, related, screen, shops, sky, slow, streets, strike, teaching, theatre, treaty, wonderful. (30 words). See www.websters-online-dictionary.org

Puzzle #41: Level 1 - A Bit Tough

Across

2 diciannove
5 abilitare, abilita, abilitano
7 intanto, frattanto, nel frattempo
8 piano, appartamento, piatto
9 truppe
11 prendere, prendete, prendi
13 intero, completo, totale
14 viaggio, viaggiare
18 riduzione, diminuzione
20 tipico
21 latte, mungere, il latte
22 guadagno, profitto, guadagnare
24 benessere
25 portando
26 parla
27 conoscendo, sapendo
28 sperato
29 rete, netto

Down

1 denti, dentatura
3 spiegazione
4 portare, usura, indossare
6 miliardo, bilione
10 parlando, parlare
12 da qui, quindi
15 esame, verifica
16 luogo, macchia, punto
17 spreco, rifiuto, scarto
19 incoraggiare, incoraggi, incoraggia
23 fuga, volo
24 peggiore

Solutions: billion, bringing, catch, enable, encourage, entire, examination, explanation, flat, flight, gain, hence, hoped, journey, knowing, meanwhile, milk, net, nineteen, reduction, speaking, spot, talks, teeth, troops, typical, waste, wear, welfare, worst. (30 words). See www.websters-online-dictionary.org

Puzzle #42: Level 1 - A Bit Tough

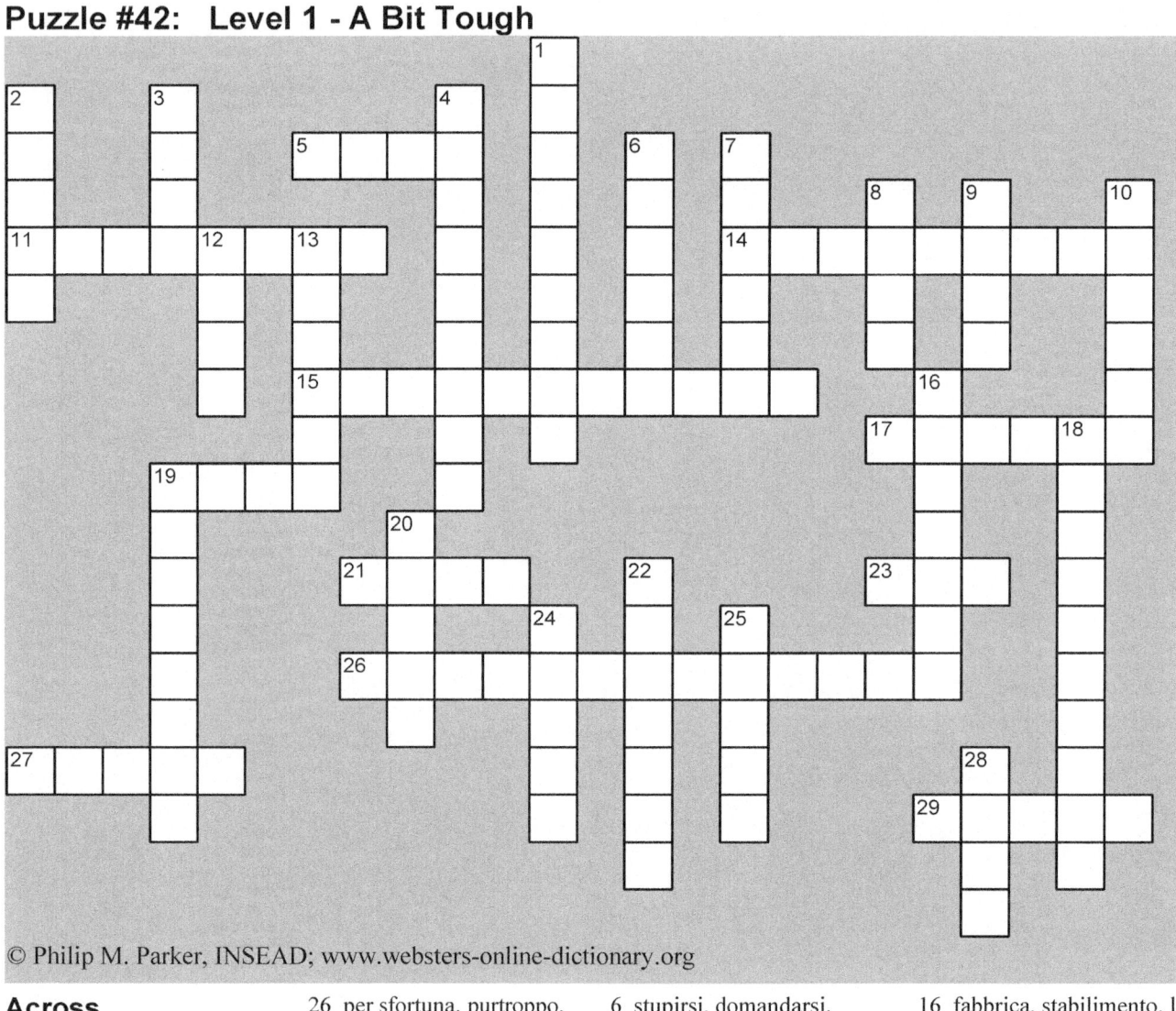

Across
- 5 lima, archivio, fascicolo
- 11 alquanto, piuttosto
- 14 tecnica
- 15 ingegneria, ingegnerizzazione
- 17 campione, campionare, esempio
- 19 abito, costume, vestito
- 21 uccidere, ammazzare
- 23 fila, remare, riga
- 26 per sfortuna, purtroppo, per fortuna
- 27 fissato, fermo, fisso
- 29 cervello

Down
- 1 finito, completato, terminato
- 2 fase
- 3 raro, al sangue
- 4 rimanendo, restando, restante
- 6 stupirsi, domandarsi, meraviglia
- 7 movimento, moto, mozione
- 8 nave, bastimento, spedire
- 9 collegamento, collegare, legame
- 10 fissare, fissa, fissano
- 12 selvaggio, feroce, selvatico
- 13 riguardare, affettare, riguarda
- 16 fabbrica, stabilimento, la fabbrica
- 18 comando
- 19 spalla, la spalla, bordo
- 20 segnaletica
- 22 alloggiamento, alloggio
- 24 breve, corto, riassunto
- 25 saccheggiare
- 28 goccia, diminuire, abbassamento

Solutions: affect, brain, brief, completed, drop, engineering, factory, file, fixed, harry, housing, kill, leadership, link, motion, phase, rare, remaining, row, sample, secure, ship, shoulder, signs, somewhat, suit, technique, unfortunately, wild, wonder. (30 words). See www.websters-online-dictionary.org

Puzzle #43: Level 1 - A Bit Tough

Across

7 rapido, svelto, veloce
8 costante, fedele
9 alto, elevato, grande
13 fondamentale, basilare
15 apertura, aprendo, bocca
18 cliente, compratore, avventore
20 ci
21 divertente, comico, buffo
26 ferro, ferro da stiro, stirare
28 ottenere, ottenete, ottengo
29 dopo, dietro, in seguito
30 fortemente

Down

1 scrivania, banco
2 gioventù, giovinezza, adolescenza
3 menzionare, menzione, cenno
4 tirato
5 interno
6 moda, modo
10 mentire, bugia, giacere
11 buco, foro, apertura
12 rappresentare, rappresenta, rappresentano
14 rumore, schiamazzo
16 permettere, permettersi, permettete
17 iniziale, siglare
19 espresso
22 accento, accentare, tensione
23 ferita, lesione, danno
24 fra, tra
25 costa, litorale
27 punto, rotto, scelto

Solutions: afford, afterwards, amongst, coast, constant, customer, desk, expressed, fashion, fundamental, funny, hole, initial, injury, inner, iron, lie, mention, noise, obtain, opening, ourselves, picked, pulled, quick, represent, stress, strongly, tall, youth. (30 words). See www.websters-online-dictionary.org

Puzzle #44: Level 1 - A Bit Tough

Across
1 autore
5 firmato
6 strano, dispari
9 sofferto, patito
14 sessanta
16 avanzare, anticipo, anticipazione
18 appuntamento, nomina, inserimento
20 inoltre, d'altronde
23 somma, importo, addizionare
25 vestire, vestirsi, vestito
27 in qualche modo
28 nastro, fettuccia, nastro adesivo
29 liquidazione, pareggiamento dei conti, accordo
30 pagine

Down
2 unico, solo
3 folla, affluenza, affollarsi
4 male, malamente
7 chiama
8 accademico, studente
10 evasione, scappare, scarico
11 Indipendenza
12 vicolo, corsia
13 espresso, esprimere, direttissimo
15 nazione, popolo
17 consorzio, piscina, unirsi
19 ricordato
21 uffici
22 registrato
24 sconosciuto, ignoto
26 cani

Solutions: academic, advance, appointment, author, badly, calls, crowd, dogs, dress, escape, express, independence, lane, moreover, nation, odd, offices, pages, pool, recorded, remembered, settlement, signed, sixty, somehow, suffered, sum, tape, unique, unknown. (30 words). See www.websters-online-dictionary.org

Puzzle #45: Level 1 - A Bit Tough

© Philip M. Parker, INSEAD; www.websters-online-dictionary.org

Across

1 camera da letto
4 battaglia, lotta
8 carburante, combustibile, benzina
9 sostenuto
10 anziano
14 coinvolgendo
15 cambiare
18 vivo
20 sogno, sognare
22 furgone
24 codice
27 impresa
28 successivo, seguente
29 tirare, tira, tirano

Down

2 raramente
3 foglio, lenzuolo, foglia
5 esperto
6 scorrere, corrente, fluire
7 oggetti
10 arrabbiato, irato, stizzito
11 appuntato, acuto, aguzzo
12 microfono
13 atti
16 rivista, periodico, magazzino
17 tono
19 bellezza
21 il vostro, vostro
23 colpevole
25 naso, fiuto, il naso
26 pasto, fiore della farina

Solutions: aged, alive, angry, beauty, bedroom, changing, code, dream, enterprise, experienced, flow, fuel, guilty, involving, magazine, meal, mike, nose, objects, pointed, proceedings, pull, rarely, sheet, struggle, subsequent, supported, tone, van, yours. (30 words). See www.websters-online-dictionary.org

Puzzle #46: Level 1 - Not Very Tricky

© Philip M. Parker, INSEAD; www.websters-online-dictionary.org

Across

1 sviluppando
5 alloggio, accomodamento, accomodazione
9 insolito, inconsueto
10 rivoluzione, giro, rotazione
11 veicolo
13 armato
16 frutta, frutto, la frutta
17 presumere, assumere, presumete
21 dovunque, in qualche luogo, da qualche parte
22 entrato
23 negozio, deposito, magazzino
24 contrassegnato, marcato
25 colazione, prima colazione
28 tranquillamente
29 erba, l'erba
30 permette

Down

2 coinvolgimento
3 tetto, volta
4 novanta
6 dirigere, amministrare, dirigete
7 vendendo, vendita
8 capito, compreso
12 miglioramento, perfezionamento
14 parente, relativo, familiare
15 tolto, asportato, rimosso
18 vescovo, alfiere
19 disposizioni, accantonamenti
20 richiesta, chiedere, richiedere
26 lacrime
27 fortunato

Solutions: accommodation, allows, anywhere, armed, assume, bishop, breakfast, developing, entered, fruit, grass, improvement, involvement, lucky, manage, marked, ninety, provisions, quietly, relative, removed, request, revolution, roof, selling, store, tears, understood, unusual, vehicle. (30 words). See www.websters-online-dictionary.org

Puzzle #47: Level 1 - Not Very Tricky

Across

1 famiglia
5 amichevole, cortese, amicale
7 droga, farmaco, medicinale
8 comodo, confortevole
10 indice, numero indice
14 vasto, esteso
15 sporcare, suolo, terra
16 chiudere, chiuso
18 risposta, rispondere, replicare
20 canale, condotto, alveo
21 lettore, lettrice
24 dimenticato
25 posizione, localizzazione, ubicazione
26 gustare, gusto, assaggiare
27 stabilimento, azienda, fondazione
28 tipo, ragazzo
29 contento, felice, lieto
30 delicatamente

Down

2 canzone, canto
3 argomentare, discutere
4 reddito, entrata, ricavi
6 coinvolgere, coinvolgete, coinvolgi
9 crede
11 delegato, deputato
12 fermamente
13 affilato, acuto, aguzzo
17 manutenzione, conservazione, mantenimento
19 acquisto, comperare, comprare
22 maggiormente, soprattutto
23 centinaia

Solutions: argue, believes, channel, comfortable, deputy, drug, establishment, extensive, firmly, forgotten, friendly, gently, glad, guy, household, hundreds, index, involve, location, maintenance, mostly, purchase, reader, reply, revenue, sharp, shut, soil, song, taste. (30 words). See www.websters-online-dictionary.org

Puzzle #48: Level 1 - Not Very Tricky

Across

2 confessato, ammesso
4 viaggio, escursione
6 disposto, volenteroso
7 costoso, caro, prezioso
11 mancato
12 regolarmente, spesso, frequentemente
14 portavoce
15 ciao, pronto, salve
17 all'estero, fuori
20 togliere, asportare, rimuovere
21 gatto, il gatto
25 appiccicare, bastone, bastoncino
26 disegno, disegnando, prelievo
27 migliorato, perfezionato
28 dorato, aureo, d'oro
29 definire, fissare, definiamo

Down

1 riempire, riempimento
3 pensa
5 sorpreso, sorpresa
8 volontario
9 giallo
10 caduto
13 campagna
14 spighe
16 lago
18 accaduto, successo
19 montagna, monte, la montagna
22 subitaneo, improvviso
23 imparato, erudito, colto
24 ascensore, alzare, sollevare

Solutions: abroad, admitted, cat, countryside, determine, drawing, fallen, fill, golden, hello, improved, lake, learned, lift, missed, mountain, occurred, regularly, remove, spokesman, stars, stick, sudden, surprised, thinks, trip, valuable, voluntary, willing, yellow. (30 words). See www.websters-online-dictionary.org

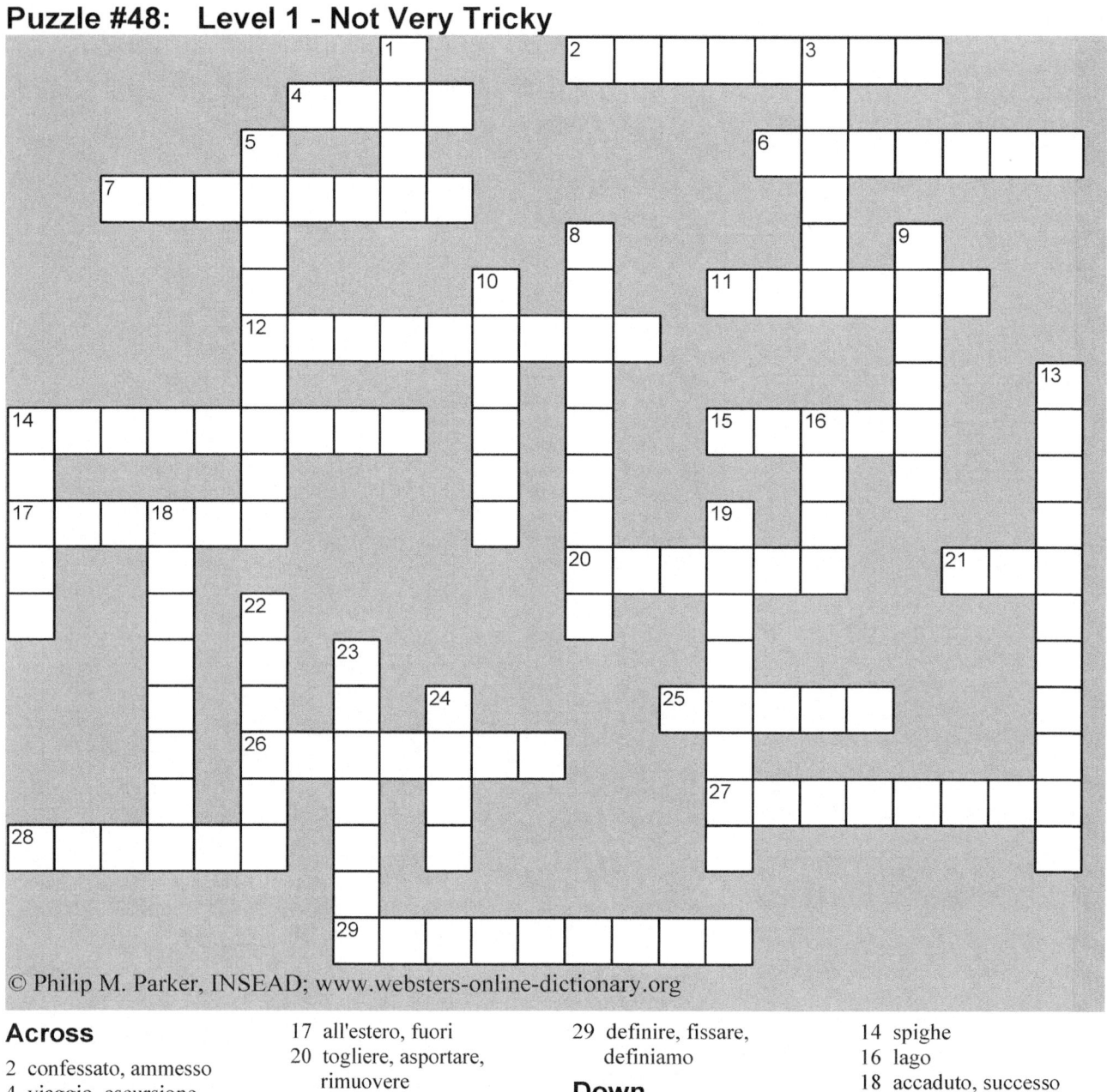

Puzzle #49: Level 1 - Not Very Tricky

Across
2 recitazione, rappresentazione
4 riferire
6 comando, ordine, comandare
7 opzioni
10 udendo, sentendo, udienza
12 undici
14 perdite
17 petto, torace, cassapanca
18 rifiutato
20 specchio, lo specchio
22 uccello, l'uccello
23 struttura, intelaiatura, ossatura
26 contare, calcolare, conteggio
27 inizialmente
29 aguzzo, acuto, affilato
30 adottato, adottivo

Down
1 guarigione, ricupero, recupero
3 cresciuto, coltivato
5 carta, mappa, carta geografica
8 lanciato
9 tema
11 elettricità
13 esteso
15 riguardo, considerare, considerazione
16 articolo, elemento, voce
19 prossimamente
21 rotaia, guida, parapetto
24 prestito, mutuo, credito
25 ottanta
28 ghiaccio, glassare

Solutions: acting, adopted, bird, chest, command, count, eighty, electricity, eleven, extended, framework, grown, hearing, ice, initially, item, keen, launched, loan, losses, map, mirror, options, rail, recovery, refer, refused, regard, shortly, theme. (30 words). See www.websters-online-dictionary.org

Puzzle #50: Level 1 - Not Very Tricky

Across
2 ricchezza, abbondanza, opulenza
5 stimato
6 stato, restato
8 pane, il pane, impanare
11 pannello
12 pubblicazione
13 infrazione, reato, offesa
15 pagando
19 massimo
21 decennio
23 attivo, attività, beni
24 incoraggiato
25 genitore
26 altezza, altitudine, altura
27 punteggio, partitura, segnare
28 salario, paga

Down
1 autore
3 responsabilità
4 sottovento
7 cadendo
8 orlo, bordo, frontiera
9 profondamente
10 gregge
13 osservato
14 fondazione, fondamento, base
16 ascoltando, ascolto
17 emesso
18 avanzato, progredito
20 prova
22 calco, fuso, getto

Solutions: advanced, assets, attempts, border, bread, cast, decade, deeply, drove, encouraged, estimated, falling, foundation, height, issued, lee, liability, listening, maximum, observed, offence, panel, parent, paying, publication, score, stayed, wages, wealth, writer. (30 words). See www.websters-online-dictionary.org

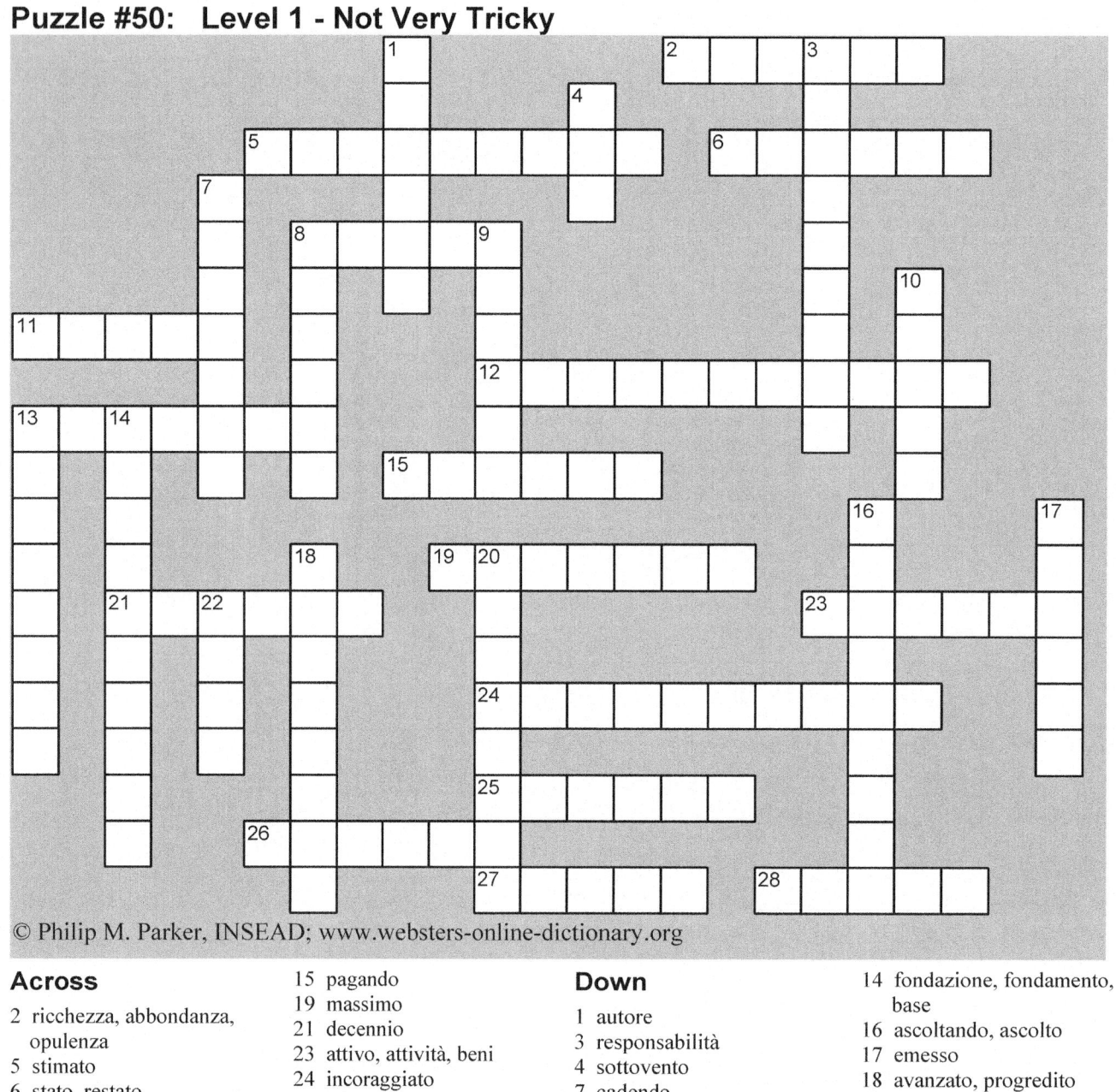

Puzzle #51: Level 1 - A Bit Tricky

Across
4 confessare, confessa, confessano
7 partito, seguito
10 dice, racconta, narra
12 permettendo
13 consegna, distribuzione, fornitura
15 avvertito
16 errore, sbaglio, sbagliare
18 manico, maniglia, trattare
21 rappresentanza, rappresentazione, figura
24 coinvolge
25 iarde
27 risultato
28 catena, catenina
29 carne, la carne
30 guida

Down
1 vittima
2 rivestimento
3 successivamente, dietro, dopo
5 corre, scorre
6 impero
8 scala, scale
9 fratelli
11 ordinato, disposto
14 scarpe
17 iniziativa
19 da parte, a parte
20 risoluzione, definizione, deliberazione
22 piatto, lastra, piastra
23 nozione, idea
26 limite, confine

Solutions: admit, allowing, aside, bound, brothers, chain, delivery, driving, empire, facing, handle, initiative, involves, meat, mistake, notion, ordered, outcome, plate, representation, resolution, runs, shoes, stairs, subsequently, supporters, tells, victim, warned, yards. (30 words). See www.websters-online-dictionary.org

Puzzle #52: Level 1 - A Bit Tricky

Across

1 riflettere, riflettete, rifletti
5 amministrativo
7 vincendo, vincente, vittorioso
9 parrocchia
11 assistere, curare, visitare
12 cercando
15 adeguato, sufficiente
16 segreto
21 rispondere, rispondete, rispondi
24 istruzioni
25 sano
26 aspettato
27 stanco
28 pallido, impallidire, smorto

Down

2 espansione, dilatazione, sviluppo
3 notevole, eccezionale
4 zio, lo zio
6 elettrico
7 operaio, lavoratore, lavorante
8 cancello, porta, saracinesca
10 debole, fiacco
13 esaminare, esamina, esaminano
14 spera
17 di legno
18 trattare, guarire
19 quinto, quinta
20 mobili, mobilia
22 tasca, intascare, la tasca
23 odore, sentire, annusare
25 ferire, far male, dolere

Solutions: adequate, administrative, attend, electric, examine, expansion, fifth, furniture, gate, healthy, hopes, hurt, instructions, pale, parish, pocket, reflect, remarkable, respond, secret, seeking, smell, tired, treat, uncle, waited, weak, winning, wooden, worker. (30 words). See www.websters-online-dictionary.org

Puzzle #53: Level 1 - A Bit Tricky

Across
1 costituzione
4 sopravvivere, sopravvivete, sopravvivi
5 obiettivo, oggettivo
9 difetto, faglia, guasto
11 dipendere, dipendete, dipendi
12 spingere, spinta, urto
13 sorprendente
15 inchiesta
17 bagno, vasca da bagno, il bagno
20 congresso, convenzione, convegno
21 aereo, pialla, aeroplano
23 assoluto, completo
24 estensione, dilazione, interno
25 dolce, caramella, soave
26 riferito
28 ristorante

Down
2 presentare, presenta, presentano
3 rappresentato, figurato
4 stesso
6 spiaggia, la spiaggia, lido
7 parlato
8 separato, a parte, separatamente
10 ridere, riso, risata
13 cercato
14 soffrire, soffri, soffriamo
16 ballare, ballo, danza
18 consapevolezza, coscienza
19 coincidenza, accoppiamento, collegamento
22 posato
27 fucile, cannone, pistola

Solutions: absolute, apart, awareness, bath, beach, connection, constitution, convention, dance, depend, extension, fault, gun, inquiry, introduce, laid, laugh, objective, plane, push, referred, represented, restaurant, self, sought, spoken, suffer, surprising, survive, sweet. (30 words). See www.websters-online-dictionary.org

Puzzle #54: Level 1 - A Bit Tricky

© Philip M. Parker, INSEAD; www.websters-online-dictionary.org

Across

3 confronto, comparazione, paragone
6 raccontando
7 respinto
8 sostituire, sostituiamo, sostituisci
12 parlato
13 neve, nevicare, la neve
16 divario, lacuna, apertura
18 zucchero, zuccherare, lo zucchero
20 presunto, supposto
21 dipendente, persona a carico
25 rude, brusco, ruvido
27 letterario
28 inquinamento, contaminazione

Down

1 fumo, fumare, fuma
2 triste, afflitto
4 accade, succede
5 offerta, offrire, chiedere
6 riflesso
9 con successo
10 visivo, visuale
11 elettronico
14 desiderato
15 rappresenta, figura
16 molto, grandemente
17 puro
19 sperando
22 nemico
23 fallire, mancare, morire
24 cappotto, rivestire
26 onda, ondata, l'onda

Solutions: assumed, bid, coat, comparison, dependent, electronic, enemy, fail, gap, greatly, hoping, literary, occurs, pollution, pure, reflected, rejected, relating, replace, represents, rough, sad, smoke, snow, successfully, sugar, talked, visual, wave, wished. (30 words). See www.websters-online-dictionary.org

Puzzle #55: Level 1 - A Bit Tricky

Across

6 causa
7 comincia, inizia
8 cancelliere
9 umore, atmosfera
10 accomodamento, disposizione, ordinamento
12 malattia
13 turno, cambio, spostamento
15 succedendo, avvenendo, avvenimento
16 birra, la birra
19 fiducioso
21 diciannovesimo
23 oscurità, tenebre
26 oltremare
28 brevemente
29 dipinti
30 acquisto

Down

1 filosofia
2 nozze, matrimonio, sposalizio
3 imputato, accusato, convenuto
4 mantenuto, conservato
5 accanto
11 miglio
14 spesso, grosso, denso
17 diffuso
18 pensionamento, ritiro
20 telaio, cornice, fotogramma
22 gettare, lanciare, lancio
24 eccitando, eccitante, emozionante
25 bagnato, bagnare, umido
27 volare, vola, volano

Solutions: alongside, arrangement, beer, begins, briefly, buying, chancellor, confident, darkness, defendant, exciting, fly, frame, happening, illness, maintained, mile, mood, nineteenth, overseas, paintings, philosophy, retirement, sake, shift, thick, throw, wedding, wet, widespread. (30 words). See www.websters-online-dictionary.org

Puzzle #56: Level 1 - Tricky

Across

1 tutto, complessivamente
3 arbusto, cespuglio, boccola
5 gola, la gola
7 giudizio, sentenza
8 mulino, macinare
10 porta
12 attrezzi
16 pubblicato, rivelato
18 matto, pazzo, arrabbiato
19 eseguire, compiere, esegui
20 ogni volta che, quando
22 volando, volante, volare
23 pittura, dipinto, quadro
25 breccia, violazione, inadempimento
26 servizievole, utile
27 davvero, infatti, veramente
28 esiste

Down

2 guadagni, guadagno
4 sopravvivenza
6 minacciato
9 dito, il dito
11 ripetuto
13 liscio, piano, levigare
14 pubblicità, annunziando, pubblicitario
15 principalmente
16 rispettivamente
17 impiegato
20 paga, salario, stipendio
21 dappertutto, dovunque, in ogni luogo
24 duca

Solutions: advertising, altogether, breach, brings, bush, duke, earnings, employed, everywhere, exists, finger, flying, helpful, judgment, mad, mill, painting, perform, primarily, repeated, respectively, revealed, smooth, survival, threatened, throat, tools, truly, wage, whenever. (30 words). See www.websters-online-dictionary.org

Puzzle #57:   Level 1 - Tricky

Across

4 soffrendo, sofferenza, patendo
6 dalla faccia
8 orgoglioso, fiero
10 pendere, appendere, sospendere
11 nascosto
13 baia, baio, campata
14 veicoli
17 ansioso
18 cortile, iarda, cantiere
21 cappello
22 negato
23 provato
25 prospettiva
27 scoprire, scopri, scopriamo
28 fondamentalmente
29 vincitore

Down

1 valuta, moneta
2 tacca
3 nucleo, anima, nocciolo
5 estendere, allungare, estendete
7 costante
9 proprietà
12 esaminato
13 compleanno
15 elemosina
16 mistura, miscela, commistione
19 disfatta, sconfitta, sconfiggere
20 meno
24 estremo
26 abilità, destrezza, maestria

Solutions: anxious, attempted, basically, bay, birthday, charity, consistent, core, currency, defeat, denied, discover, examined, extend, extreme, faced, fewer, hang, hat, hidden, mixture, nick, ownership, perspective, proud, skill, suffering, vehicles, winner, yard. (30 words). See www.websters-online-dictionary.org

Puzzle #58: Level 1 - Tricky

Across
1 anima
5 ragionevolmente
7 profondità
8 campana, campanello
10 acciaio, osso di balena, acciaiare
11 avvertendo, avviso, avvertimento
12 zia, la zia
15 pieno
17 segnale, segno
19 santo, sacro
20 collera, rabbia, ira
22 contento, soddisfatto
23 pecora, la pecora
26 affitto, affittare, canone
27 cosciente
28 avvocato, procuratore legale

Down
2 arretrato, eccezionale, insoluto
3 risparmi, risparmio
4 teorico
6 assistito, curato, visitato
9 premio
13 infermiera, balia, badare
14 colpa, biasimare, riprendere
16 successo, realizzazione, azione
18 insegnato
21 variare, vari, varia
22 dipingere, pittura, vernice
24 orecchie
25 sabbia, insabbiare, rena
27 equipaggio, squadra

Solutions: achievement, anger, attended, aunt, bell, blame, conscious, crew, depth, ears, filled, holy, nurse, outstanding, paint, pleased, prize, reasonably, rent, sand, savings, sheep, signal, solicitor, soul, steel, taught, theoretical, vary, warning. (30 words). See www.websters-online-dictionary.org

Puzzle #59: Level 1 - Tricky

Across
1 attore, querelante
7 concesso
9 onesto
10 nascere, nascete, nasci
11 lancio, varare, lancia
12 soffiare, colpo, botta
14 datore di lavoro
16 piangere, grido, gridare
17 frase, locuzione
18 supporre, congettura, indovinare
20 disperso, mancante
23 alleanza
24 fonde, fonda
25 copertura, rivestimento, coprire
26 interruttore, commutatore, accendere
27 agio, facilità

Down
1 pacco, avvolgere, imballare
2 duro, tenace
3 scusa, scusare, giustificazione
4 costantemente
5 giacca, giacchetta, giubbotto
6 ripetere, ripetete, ripeti
8 dichiarato
13 paesaggio, panorama
14 esperimento, prova, esperienza
15 diciotto
16 grillo
19 addestrato
21 immagazzinamento, memorizzazione, deposito
22 uomo

Solutions: alliance, arise, blow, constantly, covering, cricket, cry, declared, ease, eighteen, employer, excuse, experiment, fellow, finds, granted, guess, honest, jacket, landscape, launch, missing, pack, phrase, plaintiff, repeat, storage, switch, tough, trained. (30 words). See www.websters-online-dictionary.org

Puzzle #60: Level 1 - Tricky

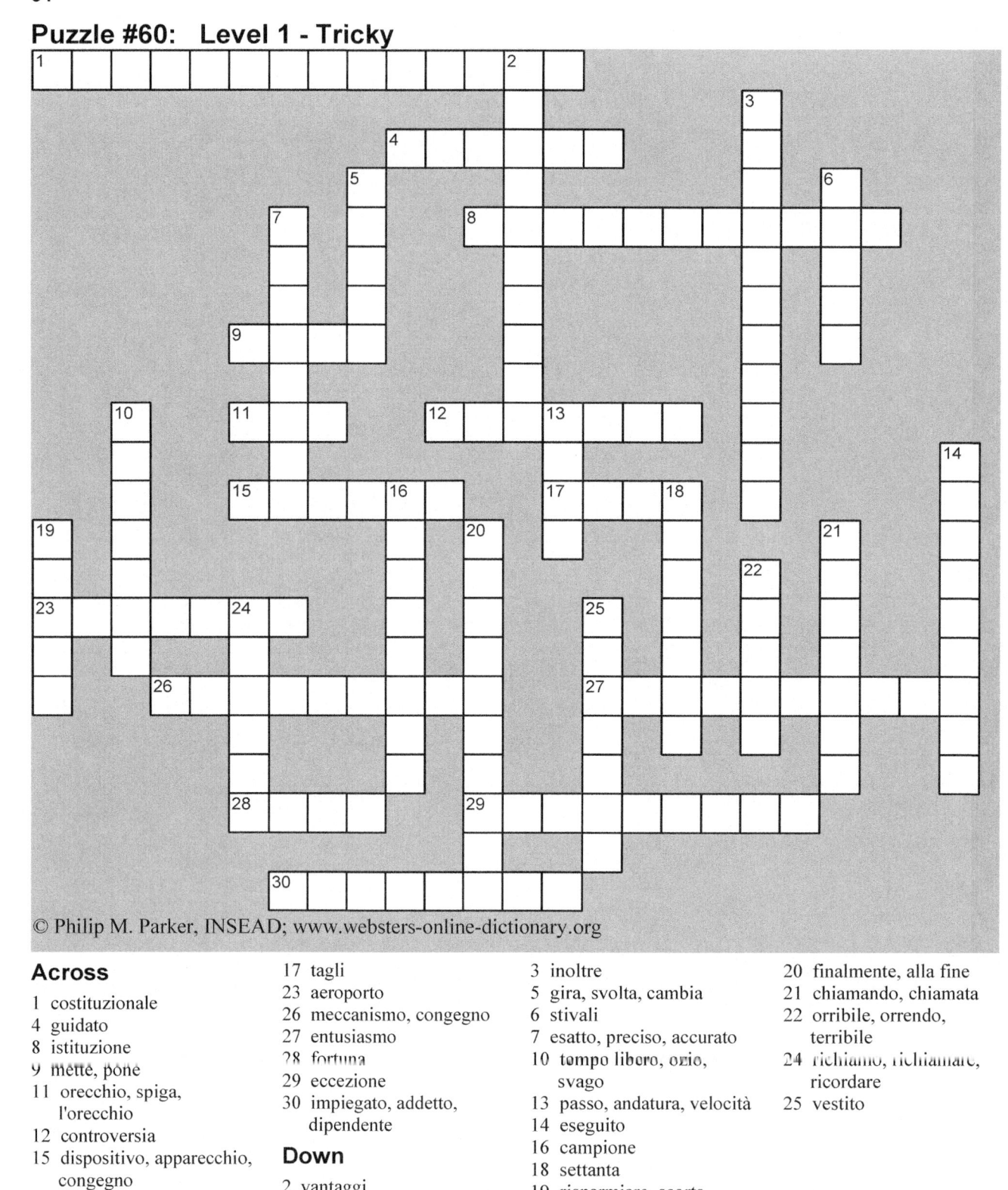

Across

1 costituzionale
4 guidato
8 istituzione
9 mette, pone
11 orecchio, spiga, l'orecchio
12 controversia
15 dispositivo, apparecchio, congegno
17 tagli
23 aeroporto
26 meccanismo, congegno
27 entusiasmo
28 fortuna
29 eccezione
30 impiegato, addetto, dipendente

Down

2 vantaggi
3 inoltre
5 gira, svolta, cambia
6 stivali
7 esatto, preciso, accurato
10 tempo libero, ozio, svago
13 passo, andatura, velocità
14 eseguito
16 campione
18 settanta
19 risparmiare, scorta
20 finalmente, alla fine
21 chiamando, chiamata
22 orribile, orrendo, terribile
24 richiamo, richiamare, ricordare
25 vestito

Solutions: accurate, advantages, airport, awful, boots, calling, champion, constitutional, cuts, device, dispute, dressed, driven, ear, employee, enthusiasm, exception, furthermore, institution, leisure, luck, mechanism, pace, performed, puts, recall, seventy, spare, turns, ultimately. (30 words). See www.websters-online-dictionary.org

Puzzle #61: Level 1 - Pretty Tricky

© Philip M. Parker, INSEAD; www.websters-online-dictionary.org

Across

20 gioca, suona
26 infanzia, fanciullezza
27 di sopra
28 sciocco, stupido
29 tassa, onorario, canone
30 romanzo, nuovo

4 commercializzazione
8 mangiando
9 montagne
12 scoperta
14 camminare, cavalcare, cavalcata
17 serbatoio, vasca, carro armato
18 fendere, fessura, dividere

Down

1 in secondo luogo, secondariamente
2 osservazione
3 ala, l'ala
5 misto, mescolato
6 raccogliere, raccogli, raccogliamo
7 rapporto, proporzione
10 vicino, prossimo
11 orologio
13 soddisfazione
15 ritardo, tardare, ritardare
16 capo, padrone, principale
19 carico, caricare, peso
21 sistemato, predisposto, ordinato
22 leggero, lieve
23 distante, lontano, isolato
24 colonna
25 scrutinio

Solutions: arranged, boss, childhood, clock, collect, column, delay, discovery, eating, fee, load, marketing, mixed, mountains, nearby, novel, observation, plays, poll, ratio, remote, ride, satisfaction, secondly, silly, slight, split, tank, upstairs, wing. (30 words). See www.websters-online-dictionary.org

Puzzle #62: Level 1 - Pretty Tricky

Across
3 torta, focaccia, la torta
6 apposta, deliberatamente
7 malato, ammalato
8 divertimento, spasso, piacere
11 consolare, comodità, benessere
13 stampare, stampa
15 attraversato
17 posta, corrispondenza
18 sporco, imbrattare, insudiciare
23 preoccupato
24 raccolto
25 caricato
27 psicologico
28 valutazione, stima

Down
1 sede centrale
2 esperto, specialista, perito
3 cuoca, cuoco, cucinare
4 capotreno, proteggere, protezione
5 alimentare, alimenta, alimentano
9 gioia
10 rottura
12 disoccupato
14 campionato
16 apparso
19 torre
20 ciclo, bicicletta, andare in bicicletta
21 prontamente
22 perdendo
24 a buon mercato, economico, conveniente
26 ospite, folla, ostia

Solutions: breaking, cake, championship, charged, cheap, collected, comfort, cook, crossed, cycle, deliberately, dirty, emerged, evaluation, expert, feed, fun, guard, headquarters, host, joy, losing, mail, print, psychological, readily, sick, tower, unemployed, worried. (30 words). See www.websters-online-dictionary.org

Puzzle #63: Level 1 - Pretty Tricky

Across

3 taglio, affilato, tagliente
6 passo, beccheggio, pece
8 chitarra
9 modo, maniera, moda
11 odiare, odio, detestare
12 superare
13 riconoscente, grato
14 dozzina
16 scommettere, scommessa, puntare
17 sedici
19 coltello, accoltellare
21 poesia
23 vettura, carrozza, vagone
25 rubato
27 ombra
28 scomunica, anatema, bando
29 sposare, ci sposiamo, mi sposo
30 intrapreso

Down

1 fissare
2 spese, spesa
4 toccato
5 piacevole, gradevole, ameno
7 quattordici
10 ferie
15 valutare, valuta, valutano
18 insegnare, insegna, insegnano
20 garanzia, garantire, avallo
22 minore
24 danno, nuocere, danneggiare
26 nuovamente

© Philip M. Parker, INSEAD; www.websters-online-dictionary.org

Solutions: assess, ban, bet, coach, cutting, dozen, expense, fourteen, grateful, guarantee, guitar, harm, hate, holidays, junior, knife, marry, mode, newly, overcome, pitch, pleasant, poetry, shadow, sixteen, staring, stolen, teach, touched, undertaken. (30 words). See www.websters-online-dictionary.org

Puzzle #64: Level 1 - Pretty Tricky

Across
1 prova, bozza, dimostrazione
6 presunto
12 sbarazzare
14 trasferito, attraversato
17 parentado
19 stando, restando
20 inoltre, d'altronde
22 aggiungendo, addizionando
25 laghetto, mero, semplice
26 aderente, adatto, attrezzato
27 nome

Down
1 punta, picco, acme
2 preferito
3 sostituzione, rimpiazzo
4 registrazione, registrare
5 spedisce
7 distrutto
8 compratore, acquirente, cliente
9 competenza, perizia
10 sordo
11 orgoglio, fierezza
13 cambiale, bozza, pescaggio
15 immaginazione, immagine, fantasia
16 macchina fotografica, fotocamera, telecamera
17 pubblicare, rivelare, pubblica
18 rosa, garofano
20 carico, caricare, fardello
21 argento
23 polvere, spolverare
24 regalo, dono, presente

Solutions: adding, alleged, besides, burden, buyer, camera, deaf, destroyed, draft, dust, expertise, favourite, fitted, gift, imagination, mere, named, peak, pink, pride, proof, recording, relatives, replacement, reveal, rid, ships, silver, staying, transferred. (30 words). See www.websters-online-dictionary.org

Puzzle #65: Level 1 - Pretty Tricky

Across

1 scia, svegliare, destare
3 abbastanza, sufficientemente
8 ispettore, controllore
9 attirare, attira, attirano
12 ansia, ansietà, angoscia
13 sorprendentemente
17 disperato
20 fotografare, fotografia, fotografo
21 cieco, accecare, acceca
23 formaggio, cacio
25 rullo, panino, rotolare
26 strumento, apparecchio
27 puramente
28 bovini, bestiame

Down

2 conserva, osserva, trattiene
3 camicia
4 affittuario, inquilino, locatario
5 comunista
6 scrive
7 raccomandato
10 eccitazione, eccitamento
11 fresco, raffreddare, freddo
14 sesto, sesta
15 cuoio, pelle
16 chirurgia
18 piattaforma, palco, banchina
19 sale, il sale, salare
22 ruota
24 regolare, saldare, sistemare
26 malato, ammalato

Solutions: anxiety, attract, blind, cattle, cheese, communist, cool, desperate, excitement, ill, inspector, instrument, keeps, leather, photograph, platform, purely, recommended, roll, salt, settle, shirt, sixth, sufficiently, surgery, surprisingly, tenant, wake, wheel, writes. (30 words). See www.websters-online-dictionary.org

Puzzle #66: Level 1 - A Bit Advanced

Across

1 incoraggiando, incoraggiante
4 giudiziario, giudiziale
6 morbidamente
9 addormentato
13 licenziato
16 rappresentante, delegato, deputato
17 misurato
18 comunemente
21 crudo, greggio, grezzo
25 occhiali
26 abbandonato
28 salvato, risparmiato
29 sofisticato

Down

1 spiega
2 scomparso
3 psicologia
5 strato, falda, giacimento
7 carne, polpa
8 sottostante
10 cima, punta, vertice
11 suo
12 considerando
14 ruscello, corrente, corso d'acqua
15 regolazione, regola, regolamento
19 esterno, esteriore, esterne
20 tendenza
22 uovo
23 coda, la coda
24 lordo
27 legame, obbligazione, collegare

Solutions: abandoned, asleep, bond, commonly, disappeared, dismissed, egg, encouraging, explains, flesh, glasses, gross, hers, judicial, layer, measured, outer, psychology, raw, regarding, regulation, representative, saved, softly, sophisticated, stream, summit, tail, trend, underlying. (30 words). See www.websters-online-dictionary.org

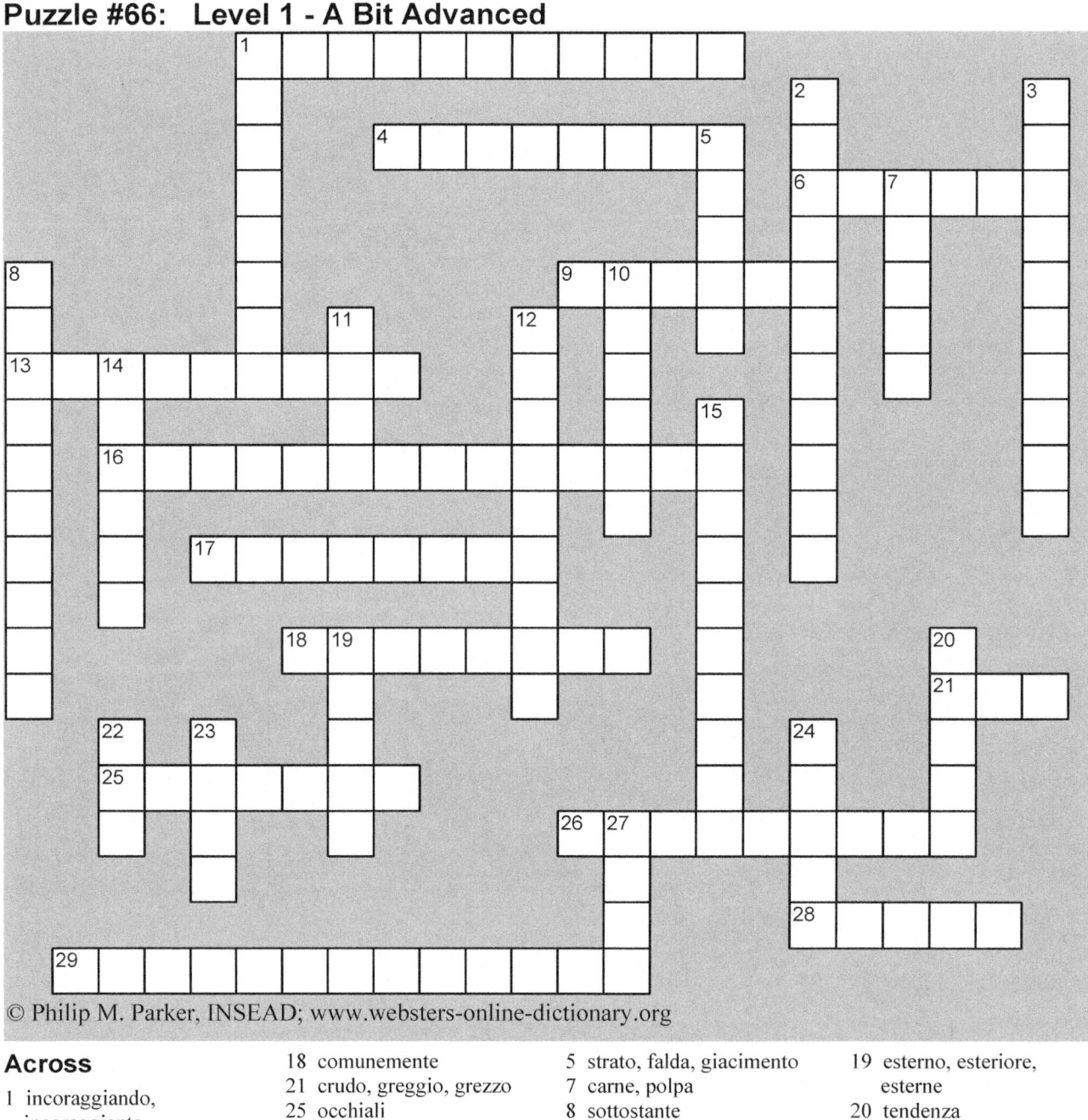

Puzzle #67: Level 1 - A Bit Advanced

Across

4 macchinario
6 disco
8 osso, disossare, l'osso
9 pubblicità
12 indubbiamente, si capisce
15 sospettare, sospetto
16 compreso, realizzato
18 argomento, tema
21 tassazione
22 straordinario, eccezionale
24 angolo
25 flessibile
28 ritenere, ritenete, ritengo
29 limitato, restretto

Down

1 pasti
2 edizione
3 adottare, adotta, adottano
5 annuncio, annunzio, comunicato
7 ricevendo, accogliendo, ricevente
10 grasso, grosso, pingue
11 giudizio, decreto, deliberazione
13 ipoteca, ipotecare
14 bagno, stanza da bagno, sala da bagno
17 attirato, attratto
19 bacio, baciare, baciarsi
20 stimare, stima, stimano
21 lingua, linguetta, la lingua
23 pensionato, a riposo, ritirato
26 bambini
27 cravatta, legare, legame

Solutions: adopt, angle, announcement, attracted, babies, bathroom, bone, disk, edition, estimate, extraordinary, fat, flexible, judgement, kiss, machinery, meals, mortgage, publicity, realized, receiving, restricted, retain, retired, suspect, taxation, tie, tongue, topic, undoubtedly. (30 words). See www.websters-online-dictionary.org

Puzzle #68: Level 1 - A Bit Advanced

Across

3 provando
7 volendo
9 camera
11 nudo, denudare
12 danneggiato, ferito
14 nascondere, nascondete, nascondi
16 abile, destro, intelligente
19 conduce, guida
20 occhiata, sguardo
21 razionale, ragionevole
26 crema, panna, scremare
28 istruzione
29 proponendo, suggerendo
30 rivoluzionario

Down

1 sperimentale
2 mandando, spedendo
4 dipinto, verniciato
5 fisso
6 quadrettato
8 soffitto, tetto
10 giornale, diario, rivista
13 approssimativamente
15 distruzione
17 iva, tino, vasca
18 convincere, convincete, convinci
22 consegnato
23 cotone
24 ospite, invitato
25 in nessun luogo, da nessuna parte
27 sorridere

Solutions: attempting, bare, ceiling, chamber, checked, clever, cotton, cream, delivered, destruction, experimental, glance, guest, hide, injured, instruction, journal, leads, nowhere, painted, persuade, rational, revolutionary, roughly, sending, smiling, steady, suggesting, vat, wanting. (30 words). See www.websters-online-dictionary.org

Puzzle #69: Level 1 - A Bit Advanced

Across

1. di conseguenza, quindi
6. serratura, serrare a chiave, bloccaggio
7. cielo, paradiso
8. cacciare, cacci, caccia
9. esatto, preciso
11. macerie, rifiuti, spazzatura
16. storico
17. rifiutare, rifiutarsi, rifiuti
19. benzina
23. sistemare, sistema, sistemano
25. rovesciare, turbato, agitato
26. ricezione, ricevimento, accettazione
27. amaro
28. giuria
29. tirando

Down

2. confrontare, confronta, confrontano
3. negare, nega, negano
4. mistero
5. riconosciuto
6. proprietario, affittacamere, locatore
10. mela, la mela
12. disturbare, seccatura, disturbo
13. pantaloni, calzoni
14. circondando, circostante
15. riassunto, sommario, compendio
18. dovunque, laddove
20. elettrico
21. stampato
22. appena, a mala pena
24. luna, la luna

Solutions: accordingly, apple, arrange, barely, bitter, bother, compare, deny, electrical, exact, heaven, historic, hunt, jury, landlord, lock, moon, mystery, petrol, printed, pulling, reception, recognized, refuse, rubbish, summary, surrounding, trousers, upset, wherever. (30 words). See www.websters-online-dictionary.org

© Philip M. Parker, INSEAD; www.websters-online-dictionary.org

Puzzle #70: Level 1 - A Bit Advanced

Across

3 affidabile, attendibile, fidato
7 responsabile
9 incinta
10 lezione
12 destino, fato, sorte
13 interamente, completamente
15 battuto, picchiato
16 conte
19 bloccato
21 aggiunge, addiziona
22 sollecitazione, ceppo, colare
24 mancia, punta
25 banco, contatore, bancone
26 uccisione
27 sigaretta

Down

1 mescolare, mischiare, impastare
2 vapore
3 comprendere, capire, comprendete
4 esportazione, esportare
5 flotta, veloce
6 reciproco
7 avvocato, legale, giurista
8 ordine del giorno
11 stendere, allungamento, tendere
14 obbligo, dovere, obbligazione
15 sbarra
17 dimostrare
18 tappeto, moquette
20 etnico
23 arnese, strumento, attrezzo

Solutions: adds, agenda, bars, beaten, carpet, cigarette, counter, demonstrate, earl, ethnic, export, fate, fleet, killing, lawyer, lesson, liable, locked, mix, mutual, obligation, pregnant, realize, reliable, steam, strain, stretch, tip, tool, wholly. (30 words). See www.websters-online-dictionary.org

Puzzle #71: Level 1 - Somewhat Advanced

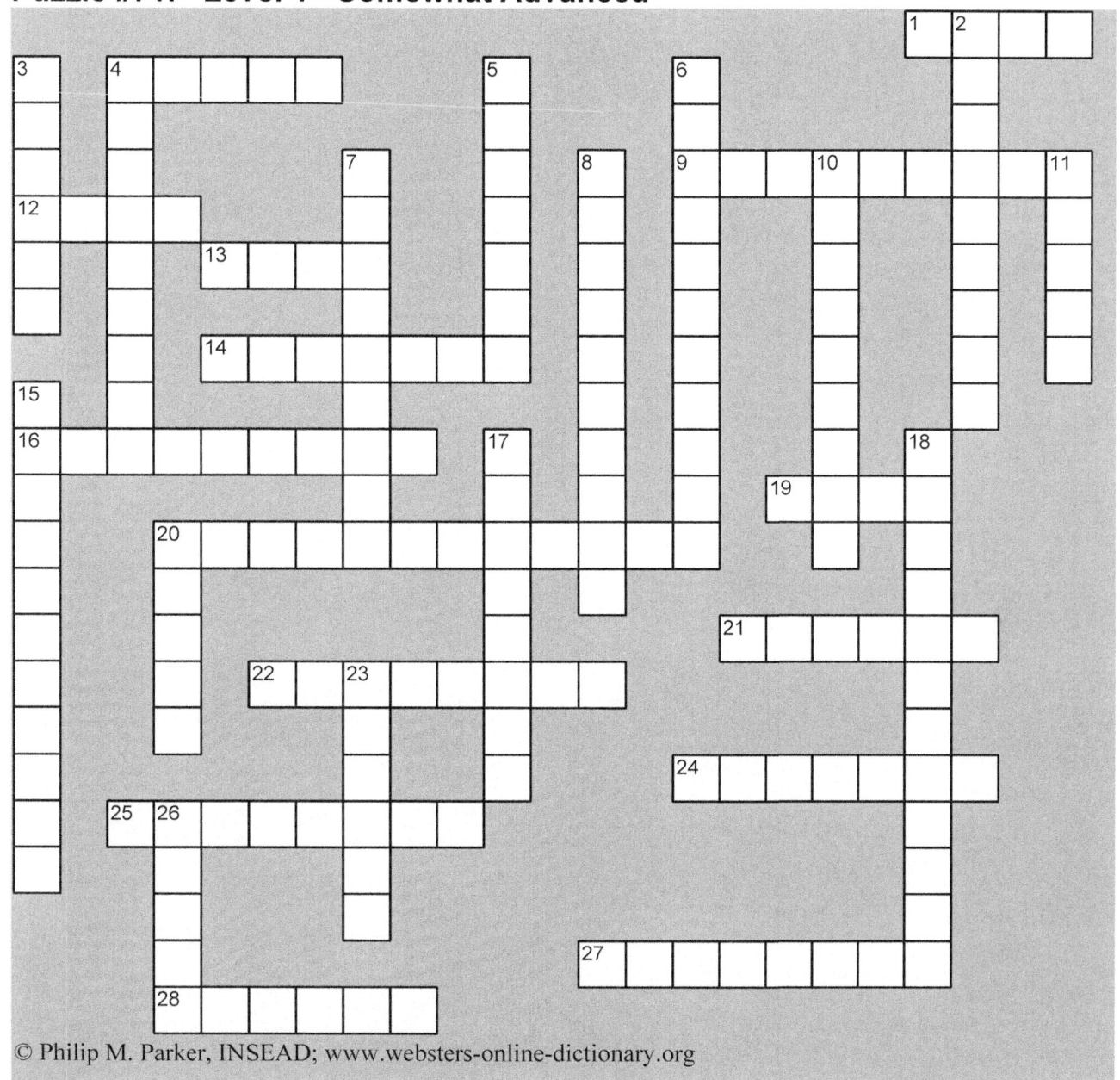

Across
1 lavare, lava, lavano
4 bloccato
9 aula
12 saggio, assennato
13 sogliola, solo, suola
14 dispositivi
16 elettorale
19 eroe
20 soddisfacente
21 agricoltore, contadino, mezzadro
22 dirigendo
24 esplorare, esplora, esplorano
25 tredici
27 ritenuto, trattenuto
28 legno, legname

Down
2 indennità, assegno, tolleranza
3 fiore, fiorire
4 sostanza, materia
5 testimone, testimoniare
6 incertezza
7 prodotti chimici
8 fenomeno
10 riuscito
11 sindaco
15 rassegnazione, dimissioni
17 agevolazione, struttura
18 denso, concentrato
20 tempesta, burrasca, temporale
23 cioè, vale a dire
26 abitudine, costume, vizio

Solutions: allowance, chemicals, classroom, concentrated, devices, electoral, explore, facility, farmer, flower, habit, hero, managing, mayor, namely, phenomenon, resignation, retained, satisfactory, sole, storm, stuck, substance, succeeded, thirteen, timber, uncertainty, wash, wise, witness. (30 words). See www.websters-online-dictionary.org

Puzzle #72: Level 1 - Somewhat Advanced

Across

2 osare, osa, osano
4 popolo, gente
6 alba, aurora, albeggiare
8 tubo, condotto, pipa
9 compitare, incantesimo, sillabare
12 penna
14 caratteristico, caratteristica
16 abilita
17 grazia
21 biglietto
22 volgare
23 allievo, scolaro, pupilla
24 piano, pianura, distinto
25 prete, sacerdote, curato
27 radice
28 cantare, canta, cantano

Down

1 tessuto, stoffa
3 ciotola, scodella, bacino
5 riducendo
7 bosco
9 riuscire, riesci, riesco
10 arrischiare, impresa
11 tipicamente
13 risa, risata, riso
15 asportazione, rimozione, eliminazione
18 intestazione, titolo
19 confusione, disordine
20 compassione
23 spingere
26 scherzo, scherzare, barzelletta

Solutions: bowl, characteristic, dare, dawn, enables, everyday, fabric, folk, grace, heading, joke, laughter, mess, pen, pipe, plain, priest, pupil, pushing, reducing, removal, root, sing, spell, succeed, sympathy, ticket, typically, venture, woods. (30 words). See www.websters-online-dictionary.org

Puzzle #73: Level 1 - Somewhat Advanced

Across

2 raccontare, racconta, raccontano
4 inatteso, imprevisto, inaspettato
7 stima
12 ammissione, confessione, accoglienza
13 accesso
17 decisione
19 finanziamento
20 partenza
23 speciali
24 preghiera, orazione
26 stretto, impermeabile
27 cantando, canto
28 seta
29 ricordato

Down

1 ferramenta
3 ridere, risata
5 dogana
6 severo, rigoroso, stretto
8 completamente
9 aggiunta, addizione
10 zona, fascia
11 riconoscere, riconoscete, riconosci
14 consigliato
15 calcio, pedata, calciare
16 esclusivo
17 rappresentando, figurando
18 saltare, salto
21 al dettaglio
22 consegnare, consegna, consegnano
25 calcolare, computare, contare

Solutions: addition, admission, advised, connections, customs, deliver, departure, engineers, estimates, exclusive, funding, hardware, jump, kick, laughing, prayer, reckon, recognize, relate, reminded, representing, retail, ruling, silk, singing, strict, thoroughly, tight, unexpected, zone. (30 words). See www.websters-online-dictionary.org

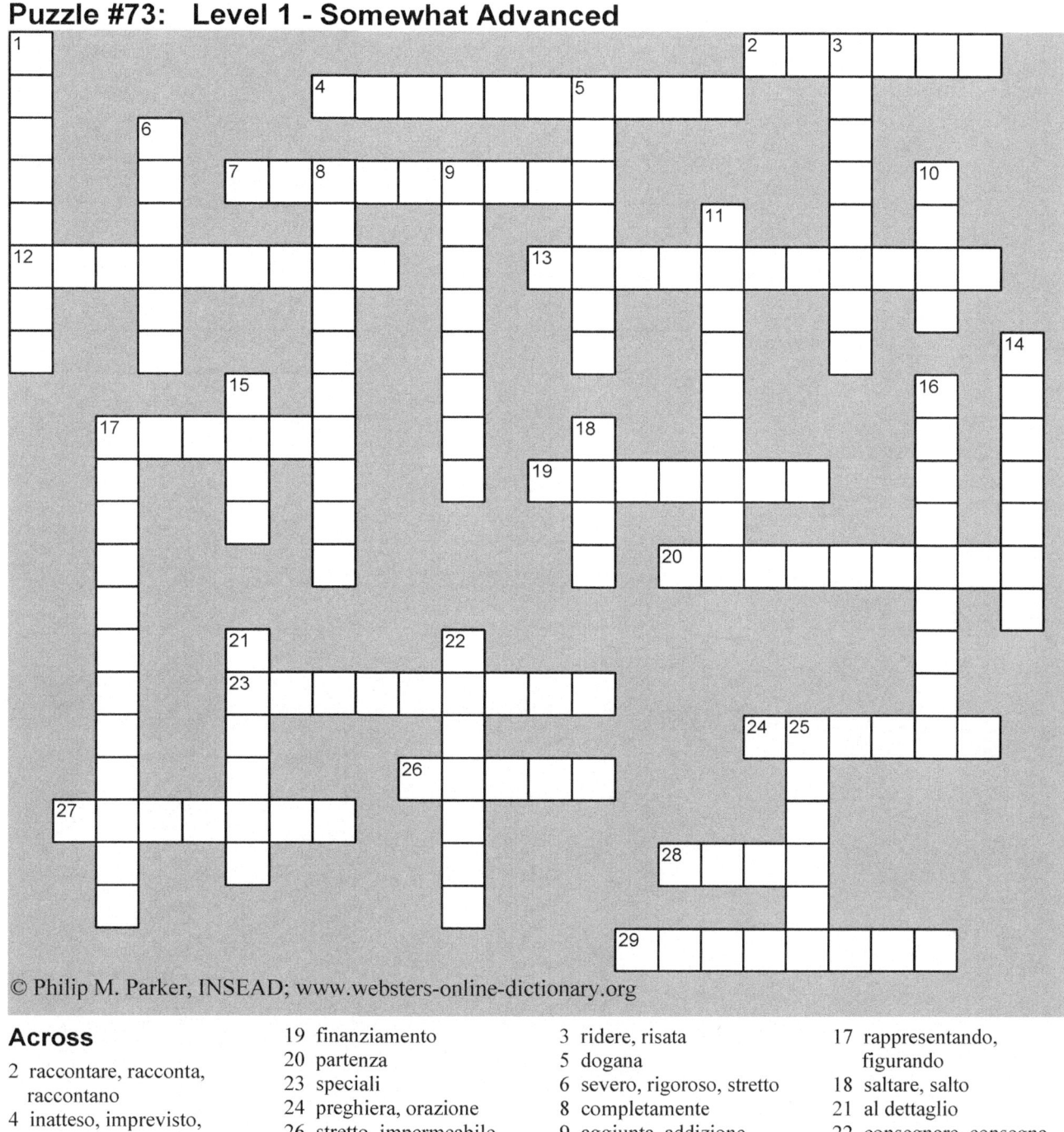

Puzzle #74: Level 1 - Somewhat Advanced

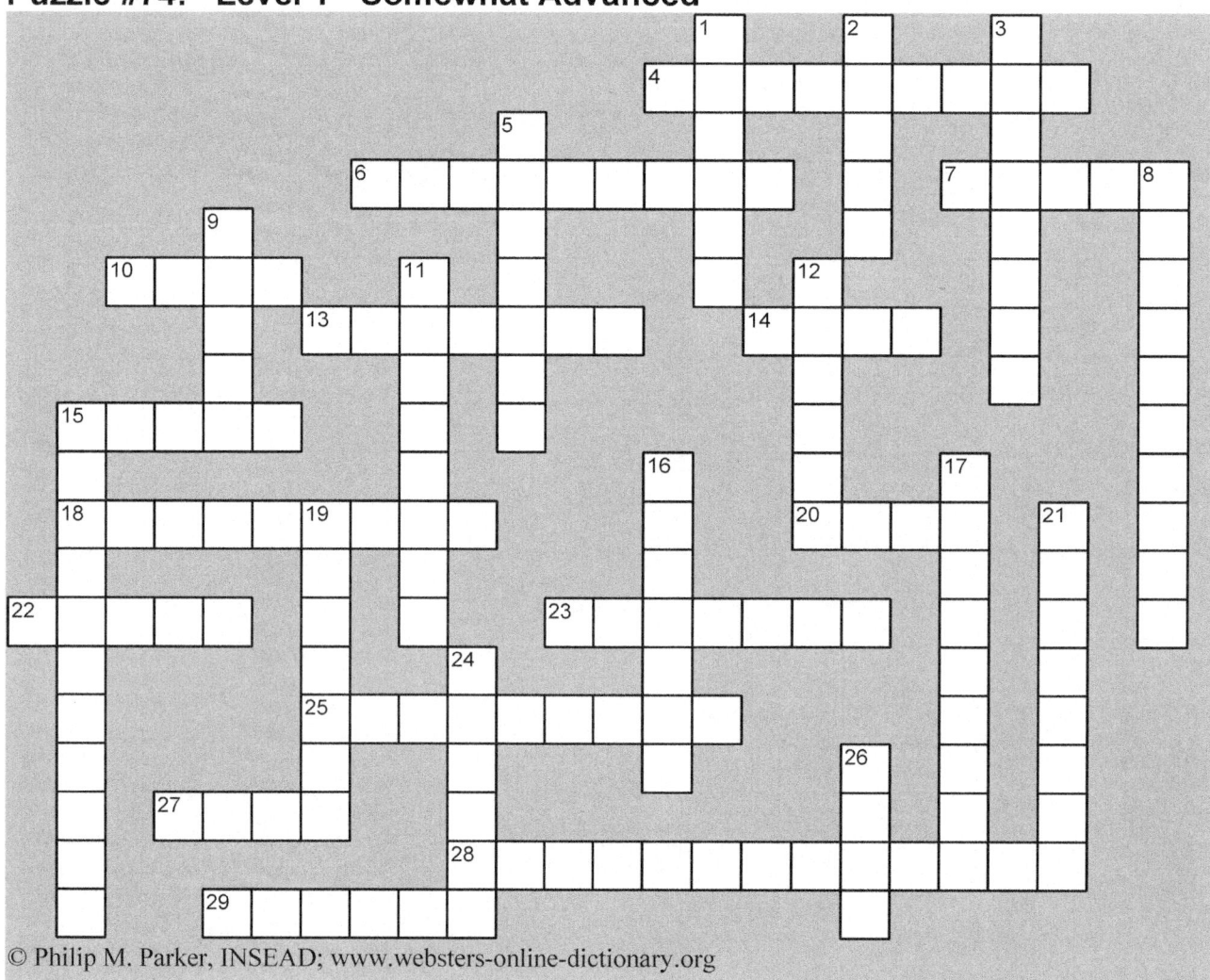

Across

4 collegato, legato, connesso
6 soddisfatto, contento, accontentato
7 sciolto, lasco, sciogliere
10 massa, carico, volume
13 chiudendo, chiusura
14 fissare, sguardo fisso
15 papà
18 duomo, cattedrale, la cattedrale
20 affrettarsi, giunco, furia
22 nudo
23 giustificare, giustifica, giustificano
25 riluttante, restio, ritroso
27 marina, marina militare, flotta
28 efficacia
29 orrore, ribrezzo

Down

1 infimo
2 affitto, locazione, affittare
3 risorsa
5 pesca, pescaggio
8 diciottesimo
9 nube, nuvola, nuvolo
11 confine, frontiera, limite
12 deambulatore, camminatore
15 dichiarazione
16 nascendo, sorgendo
17 cioccolata, cioccolato, cioccolatino
19 distruggere, distruggete, distruggi
21 grafica
24 burro, imburrare, il burro
26 ginocchio, il ginocchio

Solutions: arising, boundary, bulk, butter, cathedral, chocolate, closing, cloud, connected, daddy, declaration, destroy, effectiveness, eighteenth, fishing, gaze, graphics, horror, justify, knee, lease, loose, lowest, naked, navy, reluctant, resource, rush, satisfied, walker. (30 words). See www.websters-online-dictionary.org

Puzzle #75: Level 1 - Somewhat Advanced

Across
3 letteralmente
5 stipendio, salario, paga
7 fisicamente
9 calore, cordialità, tepore
10 attore
12 arma
13 assegno bancario, assegno
14 paranco, attrezzatura
19 apparire, appaio, appaiono
22 spese
23 significa, implica
25 meccanico
26 istituzionale
27 stagno, latta, barattolo
28 cuscinetto, rapporto

Down
1 scivolare, slittamento, frana
2 in mancanza di
4 congiungendo, legando, unendo
6 incerto, malsicuro
8 vaso
9 filo, cavo, fil di ferro
11 difendere, difendete, difendi
13 cappella
15 vettura, carrello, vagone
16 riflesso, riflessione
17 settimanalmente, settimanale
18 ritiro, prelievo, recesso
20 raggio, sciopero
21 chiede, domanda
24 arrampicarsi, salire, montare

Solutions: actor, asks, bearing, carriage, chapel, cheque, climb, defend, emerge, expenses, failing, implies, institutional, joining, literally, mechanical, physically, pot, ray, reflection, salary, slip, tackle, tin, uncertain, warmth, weapon, weekly, wire, withdrawal. (30 words). See www.websters-online-dictionary.org

© Philip M. Parker, INSEAD; www.websters-online-dictionary.org

Puzzle #76: Level 1 - Advanced

© Philip M. Parker, INSEAD; www.websters-online-dictionary.org

Across

2 allarme, allarmare, sveglia
4 semplice, franco
6 ricuperare, ricupera, ricuperano
8 scoppiare, crepa, scoppio
10 ingiusto
12 aspettando
14 affittando
15 incidenti
18 amicizia
21 entrando, entrare
25 esposto
26 ascoltato
27 leggermente
28 astratto, sommario, concludere

Down

1 polemica
3 matematica
4 puro
5 umore, umorismo
7 disperatamente
9 pettirosso
11 bibbia
13 spaventato
16 accontentare, soddisfare, accontenta
17 seppellito, sepolto
18 funzionale
19 esigente
20 risolvere, risolvete, risolvi
22 per cui
23 stoffa, tela, tessuto
24 fornaio, panettiere

Solutions: abstract, accidents, alarm, baker, bible, buried, burst, cloth, controversy, demanding, desperately, entering, expecting, exposed, friendship, frightened, functional, humour, letting, lightly, listened, mathematics, recover, robin, satisfy, sheer, solve, straightforward, unfair, whereby. (30 words). See www.websters-online-dictionary.org

Puzzle #77: Level 1 - Advanced

Across
2 guado
6 spettacolare
12 ingegnere, macchinista
13 mugnaio
14 fango, melma
15 baracca, versare, capannone
17 infelice, triste
19 perseguire, persegui, perseguiamo
20 limitato
21 autorimessa
24 tessuto, fazzoletto di carta
26 pubblicando, editoria, editoriale
27 esposizione
28 fiduciosamente

Down
1 ispezione, controllo, collaudo
2 flessibilità
3 bruciare, bruciatura
4 doloroso, penoso
5 pungendo, rompendo, scegliendo
7 danni
8 evitato
9 universale, mondiale
10 circondato
11 convinto, persuaso
16 consigliare, consigli, consiglia
18 bere
22 tristemente
23 verificare, controllare, revisione
25 vergogna, pudore
26 papa

Solutions: advise, audit, avoided, burning, confined, damages, drinking, engineer, exposure, flexibility, ford, garage, hopefully, inspection, miller, mud, painful, persuaded, picking, pope, publishing, pursue, sadly, shame, shed, spectacular, surrounded, tissue, unhappy, worldwide. (30 words). See www.websters-online-dictionary.org

Puzzle #78: Level 1 - Advanced

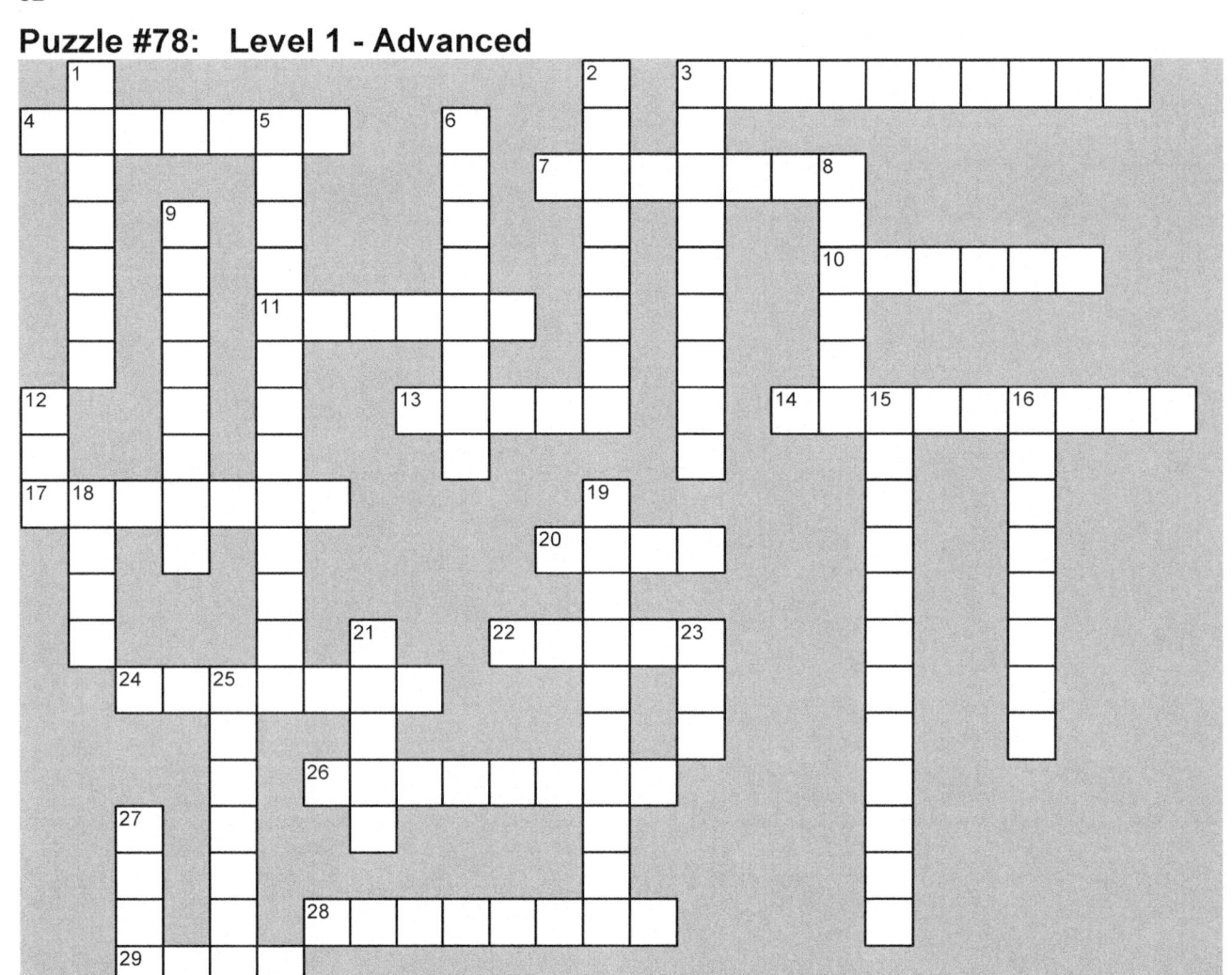

Across

3 paragonabile
4 danneggiato, guasto
7 primo
10 venditore
11 riparare, riparazione, accomodare
13 cedere, cedete, cedi
14 ricerca
17 collaudo
20 pollice
22 conchiglia, guscio, involucro
24 invenzione, romanzo
26 valutato
28 mezzanotte
29 rango, classificare, ordine

Down

1 sostegno, appoggio, avallo
2 sopravvissuto
3 comandante
5 divertimento, spettacolo
6 esplicito
8 salvataggio, salvare, soccorso
9 riflette
12 colpetto
15 disponibilità
16 movimentazione, maneggio, manipolazione
18 guadagnare, guadagna, guadagnano
19 sotto, dabbasso, giù
21 topo, sorcio, il topo
23 ragazzo
25 pollo, gallina, il pollo
27 ingranaggio, marcia, cambio

Solutions: assessed, availability, backing, chicken, commander, comparable, damaged, earn, entertainment, explicit, fiction, gear, handling, inch, lad, midnight, mouse, pat, premier, rank, reflects, repair, rescue, searching, seller, shell, survived, testing, underneath, yield. (30 words). See www.websters-online-dictionary.org

Puzzle #79: Level 1 - Advanced

Across

4 intelligente
6 opaco, smussato, spuntato
7 inutile, non necessario
11 commerciante, mercante, negoziante
12 morendo, morente
15 escluso
19 sbalordendo, stupefacente, sorprendente
20 assicurato, certo
25 ventesimo
26 dimostrazione, manifestazione, prova
27 adottivo
28 affamato
29 per sempre

Down

1 ossigeno
2 giurisdizione
3 circoscrizione elettorale, collegio elettorale
5 spingere, spinta
8 ricompensare, ricompensa, compenso
9 racconto, storia, favola
10 etichetta, etichettare
11 meno
13 riservare, riserva, ordinare
14 ripartizione, allocazione, assegnazione
16 allegro, gaio
17 dizionario, lessico
18 porto
21 orario, programma, lista
22 cristallo
23 fisica, la fisica
24 complotto, trama, appezzamento

Solutions: allocation, amazing, assured, constituency, crystal, demonstration, dictionary, dull, dying, excluded, forever, foster, gay, harbour, hungry, jurisdiction, label, merchant, minus, oxygen, physics, plot, reserve, reward, schedule, smart, tale, thrust, twentieth, unnecessary. (30 words). See www.websters-online-dictionary.org

Puzzle #80: Level 1 - Advanced

Across
1 sottile
7 vittoria, trionfo
8 istanza, esempio
9 badia, abbazia
12 sotterraneo, metropolitana, sottosuolo
15 figurarsi, capriccio, immaginazione
16 riconosciuto
18 verdura, verdure
20 compassione, pietà
21 prezioso
23 prima
25 costruito
26 porta, trasporta
27 progettista, disegnatore
28 raccomandare, raccomanda, raccomandano

Down
1 simbolo
2 pianerottolo, sbarco, approdo
3 migliorando, perfezionando
4 guancia, la guancia
5 berretto, cappello, calotta
6 grana, grano, chicco
7 terapia
10 diciassette
11 film, pellicola, cinema
13 ufficialmente
14 cattivo, schifoso, sgradevole
17 rifiuto
19 indietro, a rovescio, all'indietro
22 minore
24 cugino, cugina

Solutions: abbey, acknowledged, backwards, cap, carries, cheek, constructed, cousin, designer, fancy, grain, improving, instance, landing, lesser, movie, nasty, officially, pity, precious, recommend, refusal, seventeen, sooner, subtle, symbol, therapy, triumph, underground, vegetables. (30 words). See www.websters-online-dictionary.org

Puzzle #81: Level 1 - Pretty Advanced

Across

2 giunzione, congiunzione, raccordo
4 folla, mucchio, pelo
5 sostenuto
6 matto, pazzo, pazzesco
8 vicino
9 espandere, espandete, espandi
10 bicicletta, bici
11 felicemente
13 frammento, scheggia, scaglia
17 copertura
19 posteriore, retroguardia, retro
20 presumendo, presuntuoso
21 allocco, babbeo, ingannare
23 appartenere, appartenete, appartengo
24 lana
26 risolto
27 fabbricante, costruttore

Down

1 regnare, regno
3 vivaio, stanza dei bambini
5 mattone, laterizio
7 afferrare, impugnatura, presa
12 atterrato, fondiario
14 parziale
15 turista
16 precedentemente, davanti, in passato
18 cade
21 volpe, la volpe
22 chiusura
23 borse
25 cintura, cinghia, cintola

Solutions: assuming, backed, bags, belong, belt, bike, brick, chip, closure, coverage, crazy, expand, falls, fool, formerly, fox, grip, happily, junction, landed, manufacturer, neighbour, nursery, partial, pile, rear, reign, resolved, tourist, wool. (30 words). See www.websters-online-dictionary.org

Puzzle #82: Level 1 - Pretty Advanced

Across

1 condivisione
6 ricordare, ricorda, ricordano
8 costa, riva, sponda
9 spinta
11 marea
12 lavato
13 ordinato, pulito, puro
14 pianeta
16 patatine fritte
17 grazia, perdono, perdonare
19 inverso, retromarcia, contrario
22 constatando, fondendo, stabilendo
24 solitario, solo
25 lietissimo
26 giustificazione, giustezza
27 commerciante, negoziante
28 chimico, prodotto chimico

Down

2 casuale, aleatorio
3 bone
4 avanti
5 reclamo, lamentela
7 eccessivo
9 addio, arrivederci, ciao
10 professionale, occupazionale
12 debolezza
15 assicurando
18 risposto, replicato
20 investigatore
21 compratore, acquirente, cliente
23 cerimonia

Solutions: asset, boost, bye, ceremony, chemical, chips, complaint, dealer, delighted, detective, ensuring, establishing, excessive, forth, justification, lonely, neat, occupational, pardon, planet, purchaser, random, remind, responded, reverse, sharing, shore, tide, washed, weakness. (30 words). See www.websters-online-dictionary.org

Puzzle #83: Level 1 - Pretty Advanced

Across
1 attraversamento, incrocio, traversata
3 chimica
7 ricuperato
10 dottrina
11 baciato
13 in primo luogo, dapprima, prima
16 reti
19 apre
21 merda, cagare
22 usare, impiegare, assumere
23 amante
24 razza, varietà
26 fermarsi, fermare, fermata
28 eccezionale
29 presenza, servizio

Down
1 obbligatorio
2 gigante
4 guadagnato
5 cronico
6 colpire, picchiare, battere
8 stupro, violenza carnale, violentare
9 contorno, profilo, progetto
12 sostanzialmente
14 deluso
15 natante
17 trasformazione, cambiamento
18 esclusivamente, soltanto
20 panchina, banco, panca
25 dannare
27 padella

Solutions: attendance, bench, breed, chemistry, chronic, compulsory, craft, crossing, damn, disappointed, doctrine, earned, employ, exceptional, exclusively, firstly, giant, halt, kissed, knock, lover, networks, opens, outline, pan, rape, recovered, shit, substantially, transformation. (30 words). See www.websters-online-dictionary.org

Puzzle #84: Level 1 - Pretty Advanced

Across

1 spazzola, spazzolare, pennello
4 rubinetto, origliare, colpetto
10 spiegando
12 mensile, mensilmente, al mese
14 laminato
16 risolvere
20 capretto
23 ripristinare, restaurare, ripristina
24 affascinante, affascinando
25 bambino, fanciullo, infante
26 immaginato
28 sconto

Down

1 coraggioso, valoroso, affrontare
2 bello, carino
3 resto, rimanenza
5 pagabile, esigibile
6 recinto, staccionata
7 appena, a stento
8 intraprendere, intraprendete, intraprendi
9 sospeso
11 tipografo, stampante, stampatore
13 orribile, orrendo, mostruoso
15 sistematico
17 fumando, fumo
18 rassegnato
19 altalena, dondolare, oscillare
21 ferita, ferire
22 concorso, contestare
23 riso
27 umido

Solutions: brave, brush, contest, damp, discount, explaining, fascinating, fence, handsome, horrible, imagined, infant, kid, monthly, payable, printer, remainder, resigned, resolve, restore, rice, rolled, scarcely, smoking, suspended, swing, systematic, tap, undertake, wound. (30 words). See www.websters-online-dictionary.org

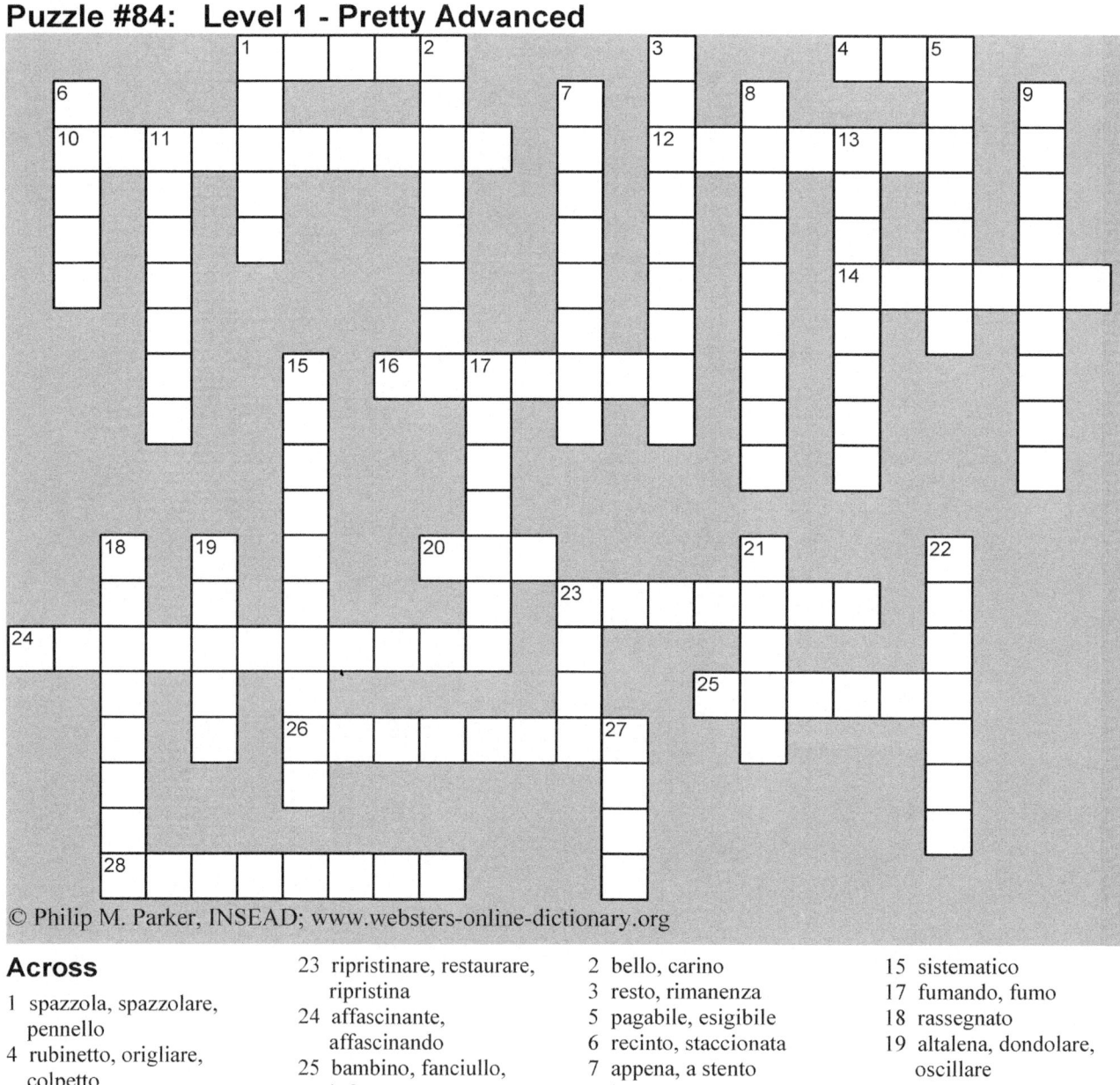

Puzzle #85: Level 1 - Pretty Advanced

Across

2 officina, laboratorio
5 scuotendo
7 tubo, condotto, valvola
10 patate
12 riscaldamento
13 solamente, soltanto, unicamente
15 gerarchia
18 mangiato
19 alimentato
22 entrata, vano della porta
25 ripristinato, restaurato
26 fegato
27 fico
28 pertinenza
29 esplosione, scoppio

Down

1 vestendo, abbigliamento, vestiario
3 lavandino, lavello, affondare
4 montare, montatura, supporto
6 ostile, nemico
8 fine, finale, conclusione
9 contadino
11 osservare, osserva, osservano
13 impressionante
14 tecnologico
16 fabbriche
17 pacifico, tranquillo
20 imperatore
21 consultivo
23 congelato, gelato, surgelato
24 citato

Solutions: advisory, clothing, doorway, eaten, emperor, ending, explosion, factories, fed, fig, frozen, heating, hierarchy, hostile, liver, mount, observe, peaceful, peasant, potatoes, quoted, relevance, restored, shaking, sink, solely, striking, technological, tube, workshop. (30 words). See www.websters-online-dictionary.org

Puzzle #86: Level 1 - Somewhat Difficult

Across

2 assicurazione, promessa
4 stagno, laghetto, lo stagno
7 rilassato
9 felicità
13 impedito, prevenuto
15 colpa
16 impiccagione
18 picchetto, palo
20 pericoli
21 lealtà, fedeltà
23 affrettarsi, fretta
26 cancelliere, commesso, impiegato
27 ritirato, prelevato
28 conferenza
29 direttamente, istantaneamente, immediatamente
30 oggigiorno

Down

1 coraggio
3 caos
5 mantenendo, conservando
6 lavando, lavaggio, bucato
8 ipotesi
10 conservare, conserva
11 sospetto
12 costituire, costituiamo, costituisci
14 senza fine, infinito, interminabile
17 emendamento, correzione, modifica
19 misura, misurazione, dimensione
22 forte, alto, rumoroso
24 grafico, carta, tabella
25 liberamente

Solutions: amendment, assurance, chaos, chart, clerk, constitute, courage, dangers, endless, freely, guilt, hanging, happiness, hurry, hypothesis, instantly, lecture, loud, loyalty, maintaining, measurement, nowadays, pond, preserve, prevented, relaxed, stake, suspicion, washing, withdrawn. (30 words). See www.websters-online-dictionary.org

Puzzle #87: Level 1 - Somewhat Difficult

Across

1 cantante
4 detenuto, prigioniero, arrestato
7 piatto, pietanza
8 abilitato
10 rimedio, medicina, rimediare
11 trattamento, elaborazione, lavorazione
15 cattivo, male, malvagio
16 femminista
17 mento, il mento
18 bottone, pulsante, tasto
19 ristoranti
20 vedova
22 feroce
23 sostenuto, costante, poggiato
24 notevole, notabile
25 incontrare, incontro, incontra
26 argilla, creta

Down

2 ispirato
3 corda, cavo, fune
4 pubblicamente
5 saggio
6 pubblica, rivela
9 fabbricare, fabbrica, fabbricano
12 esistito
13 genere
14 contabilità, contabile, ragioneria
16 prossimo
21 largamente
22 otturazione, riempimento, ripieno
23 sparare, spara, sparano

Solutions: accounting, broadly, button, chin, clay, dish, enabled, encounter, essay, evil, existed, feminist, fierce, filling, forthcoming, gender, inspired, manufacture, notable, prisoner, processing, publicly, remedy, restaurants, reveals, rope, shoot, singer, sustained, widow. (30 words). See www.websters-online-dictionary.org

Puzzle #88: Level 1 - Somewhat Difficult

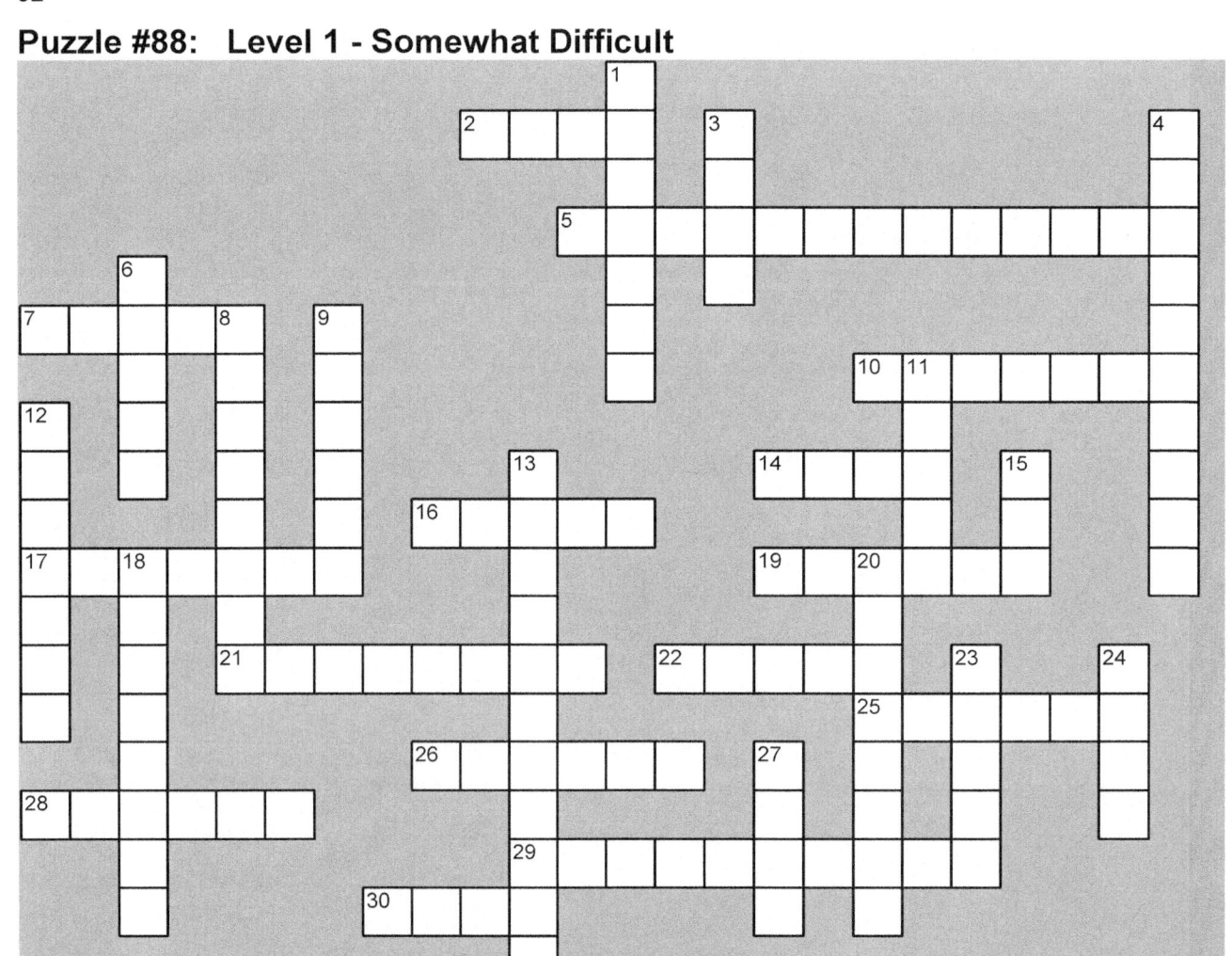

Across
2 preda
5 fabbricando, manifatturiero
7 brusco, duro, rude
10 occupato, impegnato, innestato
14 agnello, l'agnello
16 debole, svenire, svengo
17 fissato
19 assente
21 osservatore
22 feudo
25 alleato
26 viale
28 gabinetto, cesso, ritirata
29 torneo
30 toro, rialzista

Down
1 dinamico, dinamica
3 scompartimento
4 incurante
6 crepa, fessura, screpolatura
8 finora
9 interno
11 nobile, gentilizio, nobiliare
12 adorare, venerare, culto
13 diversamente, in modo diverso
15 fossa
18 scegliendo, eleggendo
20 sconosciuto, estraneo, forestiero
23 dormito
24 probabilità, differenza, disuguaglianza
27 screpolatura, tipo

Solutions: absent, allied, avenue, bull, chap, choosing, coup, crack, differently, dynamic, engaged, faint, harsh, hitherto, inland, lamb, manor, manufacturing, noble, observer, odds, pit, prey, regardless, secured, slept, stranger, toilet, tournament, worship. (30 words). See www.websters-online-dictionary.org

Puzzle #89: Level 1 - Somewhat Difficult

Across
1 comportarsi, condursi
7 raramente
8 annoiare, alesaggio, foro
9 catalogo, elenco, annuario
11 campionati
13 utensile, attrezzo, arnese
15 nonno, il nonno
16 cuori
18 espanso
21 accoppiare, compagno, accoppiarsi
22 doccia, fare la doccia, rovescio
23 riguardando
26 vago
27 cerca
28 mancando
29 spettro

Down
2 emozione, commozione
3 comunicare, comunica, comunicano
4 afferrare, comprendere, stretta
5 adozione
6 attivamente
10 esplorazione
11 calcestruzzo, concreto
12 cena
14 gravidanza, gestazione
17 manzo, carne di manzo
19 compiendo, conseguendo
20 trascinato
24 saggezza, freccia, sapienza
25 dominio

Solutions: achieving, actively, adoption, affecting, beef, behave, bore, championships, communicate, concrete, directory, domain, dragged, emotion, expanded, exploration, grandfather, grasp, hearts, implement, lacking, mate, pregnancy, seeks, seldom, shower, spectrum, supper, vague, wisdom. (30 words). See www.websters-online-dictionary.org

Puzzle #90: Level 1 - Somewhat Difficult

Across

3 allattamento
6 ritratto, verticale
7 notevolmente
8 ripido, erto, scosceso
10 pregare, prega, pregano
12 laminazione, rotolamento, cilindratura
14 derubare, deruba, derubano
15 bianco, vuoto, in bianco
17 bruciare, ardere, ustione
19 arrivederci, addio, ciao
21 ritmo
23 cavo, fune
24 arancione, arancia, arancio
25 settimo
26 detenzione, reclusione, carcerazione
28 frazione
29 richiedendo
30 avventura

Down

1 elettronica
2 nuotando, nuoto
4 significare, implicare, significa
5 vivace, spiritoso, vivo
9 chiunque
11 assunzione, reclutamento
13 incoraggiamento
16 eccedenza, eccedente, avanzo
18 melodia, sintonizzare, adattare
20 editore
22 eco, echeggiare
27 toppa, pezza

Solutions: adventure, blank, burn, cable, echo, electronics, encouragement, fraction, goodbye, imply, imprisonment, lively, nursing, orange, patch, portrait, pray, publisher, recruitment, remarkably, requiring, rhythm, rob, rolling, seventh, steep, surplus, swimming, tune, whoever. (30 words). See www.websters-online-dictionary.org

Puzzle #91: Level 1 - Difficult

Across

2 corse
3 rifugio, riparo, ricovero
8 minacciando, minaccioso
11 ritardato
12 di notte
13 goffo, sgraziato
16 eccezioni
18 osservatori
21 noioso, trivellazione
22 abitudine, vizio, ingannare
23 sterlina
25 presentando, introducendo
27 circondario, distretto, vicinato
28 idoneità
29 ritirare, ritira, ritirano

Down

1 costiero
4 giglio
5 estendendo
6 trasmissione
7 strano, particolare, peculiare
8 in seguito, dopo, poi
9 rincrescere, rammarico, rimpiangere
10 assistendo, curando, visitando
14 terribile
15 prendere in prestito
17 due settimane
19 ricevitore, destinatario
20 mite, dolce
24 petto, seno, mammella
26 stivale, avviare

Solutions: attending, awkward, boot, boring, borrow, breast, coastal, delayed, dreadful, exceptions, extending, fitness, fortnight, introducing, lily, mild, neighbourhood, observers, overnight, peculiar, quid, races, receiver, regret, shelter, thereafter, threatening, transmission, trick, withdraw. (30 words). See www.websters-online-dictionary.org

Puzzle #92:   Level 1 - Difficult

© Philip M. Parker, INSEAD; www.websters-online-dictionary.org

Across

2 onestamente
6 vassoio
7 cacciando, caccia
9 rifiuto, rigetto
10 esecuzione
11 accarezzare, corsa, apoplessia
12 maculato
15 frattanto, intanto, nel frattempo
18 coperta, ponte, piattaforma
19 razziale
20 tomba
24 eccesso, eccedenza, franchigia
25 intenzionale, deliberare, deliberato
26 lancio
28 armadio

29 ventilatore, ventola, ammiratore

Down

1 mito
3 scuotere, scuotete, scuoti
4 equilibrato, bilanciato
5 busta, la busta, involucro
8 foro
11 simpatico, comprensivo
13 cammina
14 guasto, avaria, ripartizione
16 traduzione, traslazione
17 commedia
21 illuminazione, accensione
22 avido, bramoso, desideroso
23 seme, seminare, germe
27 banda, compagnia

Solutions: balanced, breakdown, comedy, cupboard, deck, deliberate, eager, envelope, excess, execution, fan, forum, gang, grave, honestly, hunting, lighting, meantime, myth, racial, rejection, seed, shake, spotted, stroke, sympathetic, throwing, translation, tray, walks. (30 words). See www.websters-online-dictionary.org

Puzzle #93: Level 1 - Difficult

Across

1 taxi
4 accrescere, aumentare
9 nonna, la nonna
10 preside
11 bontà
14 sveglio, svegliarsi
15 rifiutare, respingere, rigettare
16 rinnovato
18 vaso, recipiente, vascello
20 tattica
21 afferrato
22 raccolto
23 vigilia
24 accomodamento, adattamento, adeguamento
28 praticamente
29 trasformato

Down

2 bancario
3 alludere, suggerimento, allusione
5 riconoscere, riconoscete, riconosci
6 vita, cintola
7 respirando, respirazione, respiro
8 in avanti
12 aspetta
13 alimentando, alimentazione
17 entusiasta, entusiastico
19 sospensione
24 consigliere, consulente
25 rilassare, rilassa, rilassano
26 spada
27 anteriore, precedente

Solutions: acknowledge, adjustment, adviser, awake, banking, breathing, cab, crop, dean, enhance, enthusiastic, eve, expects, feeding, goodness, grandmother, hint, onwards, practically, prior, reject, relax, renewed, seized, suspension, sword, tactics, transformed, vessel, waist. (30 words). See www.websters-online-dictionary.org

Puzzle #94: Level 1 - Difficult

Across

1 manciata
5 scarico, portata, scarica
6 mancanza, scarsità, ammanco
9 montato
11 aroma, sapore, aromatizzare
12 eguaglianza, uguaglianza
13 salutato
15 basso, poco profondo, superficiale
17 diapositiva, scivolare, scivolo
18 scomparire, scompaio, scompaiono
20 frode, dolo, truffa
22 miele
23 indipendentemente
24 locanda, osteria
26 alpinismo
27 esclusione
28 incontra
29 collocamento

Down

1 esitato, titubato
2 biossido, diossido
3 sparando, ripresa
4 secco
7 scomodo, disagiato
8 sebbene, quantunque
10 obbligato
14 diagonale, distorsione, pregiudizio
16 degno, meritevole
19 scontri
21 cittadino
25 crudele

Solutions: albeit, bias, citizen, climbing, conflicts, cruel, dioxide, disappear, discharge, dried, equality, exclusion, flavour, fraud, greeted, handful, hesitated, honey, independently, inn, meets, mounted, obliged, placing, shallow, shooting, shortage, slide, uncomfortable, worthy. (30 words). See www.websters-online-dictionary.org

Puzzle #95: Level 1 - Difficult

Across
1 ricco, facoltoso
3 turismo
5 sospettoso, sospetto
7 irrilevante, non pertinente
11 labbro, il labbro
12 adattare, alloggiare, adatta
14 prosciutto, il prosciutto
15 fusione, fusione di società
16 redditizio, lucroso, proficuo
18 invalidità
20 brutto
22 bandiera, stendardo, bandiera taglialuce
24 brezza
25 nido
26 controllo, verifica
27 pulendo, pulizia
28 simbolico

Down
2 storico, storiografo
4 raccomandazione, consiglio
6 affascinante, grazioso, amabile
7 isola
8 tenero, dolce, offerta
9 lodare, elogiare, lode
10 anatra, anitra, l'anatra
13 ricordando
14 prendere in affitto, noleggiare, noleggio
17 dolore, pena
19 tabacco
21 raccogliere, dedurre, radunare
23 sabbioso, arenoso

Solutions: accommodate, breeze, charming, checking, cleaning, disability, duck, flag, gather, grief, ham, hire, historian, irrelevant, isle, lip, merger, nest, praise, profitable, recommendation, remembering, sandy, suspicious, symbolic, tender, tobacco, tourism, ugly, wealthy. (30 words). See www.websters-online-dictionary.org

Puzzle #96:   Level 1 - Very Difficult

Across

5 giornalista
6 marca, marchio, marcare
8 salvando, risparmio, risparmiando
9 citare, citazione, quotare
12 amo, gancio, agganciare
14 guarire, cura
15 misterioso
17 maggiore, sambuco
19 commento, osservazione, nota
22 incubo
23 coscienza
25 popolarità
27 assegnato, stanziato
28 direttivo, manageriale

Down

1 ostilità
2 arcivescovo
3 fissare, fissa, fissano
4 curvo, piegato
6 gratifica, premio, indennità
7 fedele, leale
8 sessualità
10 autocarro, camion
11 escludere, escludete, escludi
13 scoprire, scopri, scopriamo
16 estratto, estrarre, ricavare
18 riflettendo
20 eleggibile
21 minestra, brodo, zuppa
24 forno
26 vela, veleggiare, la vela

Solutions: allocated, archbishop, bent, bonus, brand, conscience, cure, detect, elder, eligible, exclude, extract, fix, hook, hostility, journalist, lorry, loyal, managerial, mysterious, nightmare, oven, popularity, quote, reflecting, remark, sail, saving, sexuality, soup. (30 words). See www.websters-online-dictionary.org

Puzzle #97: Level 1 - Very Difficult

Across
2 inutile, inservibile
4 compensazione, radura
7 rivisto
9 pendenza, pendio, inclinazione
10 cucina
11 assassino, uccisore
14 scala, la scala, smagliare
16 pubblicare, pubblica, pubblicano
17 esaminando, esaminare
18 inerente
22 potenziale
24 riduzioni
26 prediletto, tesoro, caro
27 sostituendo, rimpiazzando
28 quercia
29 esperto

Down
1 imbarazzo
3 fornitore
4 costume, usanza, uso
5 filosofico
6 custode, guardiano
8 costruire, costruiamo, costruisci
12 eredità, patrimonio, retaggio
13 marciapiede, selciato
15 percussore
19 ottone
20 peccato, peccare
21 fronte, la fronte
23 ombra, adombrare, ombreggiare
25 inondazione, alluvione, allagare

Solutions: brass, clearing, construct, cooking, custom, darling, embarrassment, examining, flood, forehead, heritage, inherent, keeper, killer, ladder, oak, pavement, philosophical, prospective, publish, reductions, replacing, revised, shade, sin, skilled, slope, striker, supplier, useless. (30 words). See www.websters-online-dictionary.org

Puzzle #98: Level 1 - Very Difficult

Across

4 sfruttamento, utilizzazione
7 furto, ladrocinio
8 prendere, cattura, catturare
12 grassetto, grosso, spesso
15 cresce, coltiva
17 aspettativa, attesa
18 gonna, costeggiare, la gonna
19 cortina, tenda, tendina
23 riceve, accoglie
24 filiale, consociata
26 paglia, cannuccia
27 brusco, rude, spiacevole
29 scaffale, asse, mensola

Down

1 getto
2 nondimeno
3 apparendo
5 asta, incanto, vendita all'asta
6 simboli
9 asso
10 calcolando
11 appartamento
13 difensivo
14 scogliera, rupe
16 meritare, merita, meritano
20 legatura, legame, cogente
21 parzialmente, in parte
22 scoperto
25 arco, prua, fiocco
26 gridare, grido, sbraitare
28 foglia, foglio, sfogliare

Solutions: ace, apartment, appearing, auction, binding, bold, bow, capture, cliff, computing, curtain, defensive, deserve, detected, expectation, exploitation, grows, jet, leaf, nonetheless, partially, receives, shelf, shout, skirt, straw, subsidiary, symbols, theft, unpleasant. (30 words). See www.websters-online-dictionary.org

Puzzle #99: Level 1 - Very Difficult

Across

2 burocrazia
4 snello, magro, slanciato
6 orizzonte
11 tipo
12 datato
13 credendo, credere
15 facoltà
18 batteri
19 succo, sugo
20 avvertire, prudenza, avvertenza
25 conservato
26 tesi
27 dormendo, addormentato
28 fingere, fingete, fingi
29 ottavo

Down

1 abbandonare, abbandona, abbandonano
3 perdonare, perdona, perdonano
5 commemorativo, memoriale
7 previsione, predire, previsioni
8 diavolo, demonio
9 obiezioni
10 ripetutamente
14 garantito
16 stimolo
17 pericolo
20 lagnarsi, lamentare, lamentarsi
21 a, verso
22 lago
23 perseguito
24 agricoltura, coltivazione

Solutions: abandon, bacteria, believing, bloke, bureaucracy, caution, complain, dated, devil, distress, eighth, faculty, farming, forecast, forgive, guaranteed, horizon, juice, loch, memorial, objections, preserved, pretend, pursued, repeatedly, sleeping, slim, thesis, toward, urge. (30 words). See www.websters-online-dictionary.org

Puzzle #100:   Level 1 - Very Difficult

Across

4 magro, appoggiarsi, sostenere
8 sapone
9 lappare, grembo
10 dipendenza
11 ereditato
13 appartenendo
15 applicazione, costrizione
16 vettore, portante, portapacchi
18 praticare
19 dovere
23 ambiente, dintorni
26 leggenda, didascalia
27 forzatura
28 matematico
30 conformità, cedevolezza

Down

1 improprio
2 granaio, baracca, fienile
3 assortito
5 strettamente
6 rame
7 avversario
12 ubriaco, brillo, ubriacone
14 obiezione, opposizione
17 inseguimento, ricerca
20 luce del sole
21 intuito
22 istante, immediato, momento
24 giustamente
25 dubbioso
29 vacca, mucca

Solutions: barn, belonging, carrier, compliance, copper, cow, dependence, doubtful, drunk, enforcement, forcing, inappropriate, inherited, insight, instant, lap, lean, legend, matched, mathematical, objection, opponent, owe, practise, pursuit, rightly, soap, sunlight, surroundings, tightly. (30 words). See www.websters-online-dictionary.org

Solutions

Puzzle #1. Across: 4. che = that, 5. barattolo = can, 7. tutto = all, 8. avuto = had, 11. loro = them, 13. detto = said, 15. circa = about, 17. là = there, 18. lei = her, 19. con = with, 25. suo = his, 26. tu = you, 27. uno = one, 28. loro = their. **Down:** 1. che = what, 2. quale = which, 3. volontà = will, 6. non = not, 7. sei = are, 9. e = and, 10. chi = who, 12. più = more, 13. alcuni = some, 14. avere = have, 16. questo = this, 17. essi = they, 18. ha = has, 20. da = from, 21. il = the, 22. ma = but, 23. lei = she, 24. per = for.

Puzzle #2. Across: 6. dentro = into, 8. vedere = see, 9. nostro = our, 10. tempo = time, 12. di = than, 15. questi = these, 16. altro = other, 17. molto = much, 18. conoscere = know, 20. bene = well, 22. nuovo = new, 26. anche = also, 27. tuo = your, 28. soltanto = only. **Down:** 1. soltanto = just, 2. suo = its, 3. gente = people, 4. primo = first, 5. ottenere = get, 7. fuori = out, 11. estremamente = most, 13. lui = him, 14. come = how, 15. allora = then, 19. sopra = over, 21. simile = like, 22. adesso = now, 23. modo = way, 24. molto = very, 25. due = two, 26. qualsiasi = any.

Puzzle #3. Across: 1. ultimo = last, 3. venire = come, 8. attraverso = through, 9. dopo = after, 13. pensare = think, 15. tre = three, 17. perfino = even, 19. fa = does, 22. fra = between, 23. anno = year, 25. dovere = must, 26. molti = many, 27. buono = good. **Down:** 2. così = such, 4. fare = make, 5. diritto = right, 6. lavorare = work, 7. dorso = back, 8. prendere = take, 10. quelli = those, 11. giù = down, 12. ancora = still, 14. qui = here, 16. perchè = because, 18. entrambi = both, 20. proprio = own, 21. dire = say, 22. essendo = being, 24. troppo = too, 25. fatto = made.

Puzzle #4. Across: 1. mentre = while, 3. sotto = under, 5. ogni = each, 9. prima = before, 11. stesso = same, 12. bisogno = need, 14. quando = when, 16. vita = life, 17. sì = yes, 19. mondo = world, 21. numero = number, 25. altro = another, 27. volere = want, 28. pensato = thought. **Down:** 2. casa = home, 3. usare = use, 4. finire = end, 6. ancora = again, 7. casa = house, 8. comunque = however, 10. mai = never, 13. giorno = day, 14. perchè = why, 15. vecchio = old, 18. qualcosa = something, 20. via = off, 22. usato = used, 23. uomo = man, 24. andando = going, 26. mettere = put.

Puzzle #5. Across: 4. piccolo = little, 8. piccolo = small, 10. trovare = find, 11. ogni = every, 12. sebbene = although, 13. caso = case, 14. dopo = later, 17. gruppo = group, 18. guardare = look, 19. davvero = really, 21. dice = says, 23. uomini = men, 24. contro = against, 25. prossimo = next, 26. punto = point. **Down:** 1. cinque = five, 2. significare = mean, 3. abbastanza = quite, 4. lungo = long, 5. cose = things, 6. grande = great, 7. luogo = place, 8. sistema = system, 9. quattro = four, 13. bambini = children, 15. sempre = always, 16. durante = during, 17. dare = give, 20. dentro = within, 22. apparecchio = set.

Puzzle #6. Across: 2. pubblico = public, 5. fatto = fact, 6. aiuto = help, 8. forse = perhaps, 10. mano = hand, 11. visto = seen, 15. spesso = often, 18. nazionale = national, 21. niente = nothing, 22. intorno = around, 25. meno = less, 26. acqua = water, 27. migliore = better. **Down:** 1. già = already, 3. migliore = better, 4. denaro = money, 5. fondere = found, 6. testa = head, 7. preso = taken, 9. scuola = school, 12. senza = without, 13. cosa = thing, 14. fatto = done, 16. sebbene = though, 17. avendo = having, 19. ulteriore = further, 20. considerato che = since, 21. notte = night, 23. dato = given, 24. lontano = away.

Puzzle #7. Across: 1. giorni = days, 4. quasi = almost, 6. paese = country, 11. finchè = until, 12. capace = able, 13. dire = tell, 15. sviluppo = development, 16. se = whether, 19. faccia = face, 20. mezzo = half, 22. affare = business, 26. migliore = best, 27. cambiamento = change. **Down:** 1. facendo = doing, 2. camera = room, 3. divenire = become, 5. tempi = times, 7. giovane = young, 8. stesso = himself, 9. grande = large, 10. potenza = power, 13. detto = told, 14. ancora = yet, 16. dove = where, 17. alto = high, 18. abbastanza = enough, 21. sinistra = left, 23. lato = side, 24. sei = six, 25. settimana = week.

Puzzle #8. Across: 1. a = towards, 3. guerra = war, 5. nome = name, 8. conservare = keep, 10. strada = road, 12. pieno = full, 14. mercato = market, 17. affittare = let, 19. corte = court, 21. consiglio = council, 22. maggiore = major, 23. chiesto = asked, 24. guardando = looking, 26. oggi = today, 27. o = either, 28. domanda = question. **Down:** 2. una volta = once, 4. disponibile = available, 6. mente = mind, 7. automobile = car, 9. mai = ever, 11. niente = anything, 12. sentirsi = feel, 13. altri = others, 14. madre = mother, 15. seguente = following, 16. ufficio = office, 18. di fatto = actually, 20. sega = saw, 25. aperto = open.

Puzzle #9. Across: 7. insieme = together, 8. conosciuto = known, 10. lavorazione = working, 11. corpo = body, 13. ricerca = research, 15. attraverso = across, 17. grande = big, 21. legge = law, 23. rapporto = report, 26. milione = million, 27. presto = early, 28. usando = using, 29. salute = health, 30. porta = door. **Down:** 1. libro = book, 2. lontano = far, 3. sopra = above, 4. dietro = behind, 5. mostrare = show, 6. contenendo = including, 9. voce = voice, 12. principale = main, 14. chiaro = clear, 16. bambino = child, 18. stesso = itself, 19. facendo = making, 20. parecchi = several, 22. parole = words, 24. guardato = looked, 25. padre = father.

Puzzle #10. Across: 4. donna = woman, 7. parso = seemed, 12. speciale = particular, 13. fra = among, 14. correre = run, 17. rotondo = round, 19. bianco = white, 20. probabile = likely, 22. sud = south, 24. nero = black, 25. voluto = wanted, 27. gestione = management, 29. vista = view. **Down:** 1. genere = kind, 2. lavoro = job, 3. livello = level, 5. azione = action, 6. perciò = therefore, 8. mezzi = means, 9. inizio = start, 10. agire = act, 11. comunità = community, 15. contro = upon, 16. città = city, 18. risultato = result, 19. intero = whole, 21. prendendo = taking, 23. chiamato = called, 26. personale = staff, 28. età = age.

Puzzle #11. Across: 1. ottenendo = getting, 5. pagare = pay, 7. prova = evidence, 9. passato = past, 12. fa = ago, 15. chiesa = church, 16. materia = matter, 18. piuttosto = rather, 20. libero = free, 21. nord = north, 24. mattina = morning, 25. credere = believe, 27. qualche volta = sometimes, 28. di chi = whose. **Down:** 2. provare = try, 3. amore = love, 4. dieci = ten, 5. giocare = play, 6. leggere = read, 8.

105

esperienza = experience, 10. tavolo = table, 11. specie = sort, 13. morte = death, 14. terzo = third, 15. cura = care, 17. ordine = order, 19. gamma = range, 22. pare = seems, 23. così = thus, 26. altro = else.

Puzzle #12. Across: 4. ovest = west, 6. via = street, 7. tasso = rate, 12. aria = air, 14. fuori = outside, 17. signore = sir, 18. di solito = usually, 19. muovere = move, 20. corso = course, 21. andato = gone, 23. comitato = committee, 24. ieri = yesterday, 26. abbandonare = leave, 28. cento = hundred, 29. cibo = food. **Down:** 1. parola = word, 2. pochi = few, 3. secolo = century, 5. commercio = trade, 8. squadra = team, 9. ore = hours, 10. mani = hands, 11. chiedere = ask, 13. ricordare = remember, 15. gruppi = groups, 16. lingua = language, 22. storia = history, 25. davvero = indeed, 26. terra = land, 27. girare = turn.

Puzzle #13. Across: 1. semplicemente = simply, 3. ruolo = role, 5. moglie = wife, 7. reparto = department, 10. parere = seem, 11. comune = common, 12. ragione = reason, 13. stesso = herself, 14. prezzo = price, 18. chiudere = close, 20. autorità = authority, 21. tipo = type, 22. vero = true, 23. bisogno = needs, 25. otto = eight, 26. banca = bank, 27. valore = value. **Down:** 1. sette = seven, 2. città = town, 4. amico = friend, 6. precedente = former, 8. soprattutto = especially, 9. verbale = minutes, 11. chiamare = call, 14. carta = paper, 15. tutto = everything, 16. sezione = section, 17. lotto = lot, 19. qualcuno = someone, 24. dati = data.

Puzzle #14. Across: 3. speranza = hope, 4. basato = based, 6. letto = bed, 7. vivere = live, 8. viene = comes, 10. capire = understand, 13. tassa = tax, 14. bastonare = club, 16. palcoscenico = stage, 17. est = east, 18. genitori = parents, 20. pratica = practice, 22. vicino = near, 24. fondo = ground, 25. fra poco = soon, 26. dicendo = saying, 27. ragazza = girl. **Down:** 1. straniero = foreign, 2. duro = hard, 5. settimane = weeks, 6. portare = bring, 9. forte = strong, 11. prima = earlier, 12. fa = makes, 13. girato = turned, 15. pubblicare = issue, 16. certo = sure, 19. venti = twenty, 21. venendo = coming, 23. riposo = rest.

Puzzle #15. Across: 1. contenere = include, 6. segretario = secretary, 8. cima = top, 9. soggetto = subject, 10. ospedale = hospital, 11. perso = lost, 12. campo = field, 14. chiunque = anyone, 16. capitolo = chapter, 18. povero = poor, 19. incontrando = meeting, 21. accesso = approach, 24. corto = short, 25. va = goes, 26. capelli = hair, 28. parlare = talk, 29. conto = account. **Down:** 2. notizie = news, 3. malgrado = despite, 4. base = basis, 5. conoscenza = knowledge, 7. chiaramente = clearly, 13. aumento = increase, 15. taglio = cut, 17. per favore = please, 19. mese = month, 20. gioco = game, 22. registrare = record, 23. reale = royal, 27. arte = art.

Puzzle #16. Across: 2. accordo = deal, 4. luce = light, 6. ragazzo = boy, 7. sera = evening, 10. re = king, 11. fuoco = fire, 12. incontrare = meet, 14. sotto = below, 15. semplice = simple, 17. asse = board, 18. forza = force, 21. udire = hear, 22. sicurezza = security, 24. movimento = movement, 25. edificio = building, 26. piedi = feet, 27. risposta = answer. **Down:** 1. sbagliato = wrong, 3. lungo = along, 5. interno = inside, 7. ognuno = everyone, 8. nove = nine, 9. a = per, 13. importo = amount, 14. cattivo = bad, 16. direttore = manager, 19. caso = chance, 20. umano = human, 22. fermare = stop, 23. ritorno = return.

Puzzle #17. Across: 2. popolazione = population, 7. piacevole = nice, 8. mare = sea, 10. crescita = growth, 11. dimensione = size, 12. tenere = hold, 15. chi = whom, 16. ambiente = environment, 21. prestazione = performance, 23. morto = died, 24. cuore = heart, 25. progetto = project, 27. avanti = forward. **Down:** 1. disegno = design, 2. progettare = plan, 3. premere = press, 4. teoria = theory, 5. pezzo = bit, 6. parentela = relationship, 9. piombo = lead, 10. dando = giving, 13. tardi = late, 14. figlio = son, 15. qualunque = whatever, 17. esempio = example, 18. accordo = agreement, 19. spazio = space, 20. scritto = written, 22. ne = nor, 26. rosso = red.

Puzzle #18. Across: 2. coppia = couple, 5. multa = fine, 8. comprare = buy, 9. reddito = income, 10. valore = worth, 12. scelta = choice, 13. ringraziare = thank, 15. prova = test, 16. progetto = scheme, 19. abbassare = lower, 22. aggiunto = added, 24. felice = happy, 26. improvvisamente = suddenly, 27. trattamento = treatment, 28. comunque = anyway. **Down:** 1. precedente = previous, 2. corrente = current, 3. basso = low, 4. interessato = concerned, 6. presto = quickly, 7. punti = points, 11. azione = share, 14. oltre = beyond, 17. innescare = prime, 18. bene = okay, 20. suono = sound, 21. muro = wall, 23. data = date, 25. morto = dead, 26. stare = stay.

Puzzle #19. Across: 1. settentrionale = northern, 4. desiderio = wish, 6. parlando = talking, 8. apparire = appear, 10. aspettato = expected, 11. a meno che = unless, 15. estate = summer, 18. tecnologia = technology, 20. bracci = arms, 23. ora = hour, 25. permettere = allow, 26. ovviamente = obviously, 27. rischio = risk, 28. marito = husband. **Down:** 2. richiesto = required, 3. seguito = followed, 5. successo = happened, 6. insegnanti = teachers, 7. perdita = loss, 8. attività = activity, 9. parentado = relations, 12. stagione = season, 13. esercito = army, 14. inizio = beginning, 16. quasi = nearly, 17. coinvolto = involved, 19. facile = easy, 21. segno = mark, 22. pavimento = floor, 24. addolorato = sorry.

Puzzle #20. Across: 5. giardino = garden, 7. albergo = hotel, 8. popolare = popular, 10. riuscito = successful, 12. conservato = kept, 15. consiglio = advice, 17. parco = park, 18. stile = style, 19. pagina = page, 21. forse = maybe, 22. immagine = picture, 25. pensando = thinking, 26. pagato = paid, 27. negozio = shop, 28. consapevole = aware, 29. scrivere = write. **Down:** 1. vendite = sales, 2. assicurare = ensure, 3. ti = yourself, 4. mille = thousand, 6. aspettare = expect, 9. tazza = cup, 11. contea = county, 13. esattamente = exactly, 14. sentimento = feeling, 16. indipendente = independent, 20. finestra = window, 21. incontrato = met, 23. dà = gives, 24. pesce = fish.

Puzzle #21. Across: 2. abbattere = fell, 3. reclamo = claim, 8. sangue = blood, 9. beni = goods, 11. vivendo = living, 12. portare = carry, 17. sala = hall, 18. segue = follows, 19. medico = doctor, 21. stare in piedi = stand, 23. mandato = sent, 25. limite = extent, 26. conto = bill, 27. grado = degree. **Down:** 1. giocando = playing, 2. pellicola = film, 4. condotto = led, 5. rosa = rose, 6. utile = useful, 7. prezzi = prices, 10. olio = oil, 12. carica = charge, 13. risposta = response, 14. maggioranza = majority, 15. guarda = looks, 16. efficace = effective, 18. moduli = forms, 20. addestramento = training, 22. tentativo = attempt, 24. pronto = ready.

Puzzle #22. Across: 6. seguire = follow, 7. signora = lady, 8. mancanza = lack, 10. fiume = river, 11. commosso = moved, 12. richiesta = demand, 14. occidentale = western, 15. occupazione = employment, 20. conducendo = leading, 22. autunno = fall, 25. correndo = running, 27. posare = lay, 28. concordato = agreed, 29. luogo = site, 30. fiducia = trust. **Down:** 1. concorrenza = competition, 2.

presidente = chairman, 3. coprire = cover, 4. dichiarazione = statement, 5. occhio = eye, 9. mezzo = middle, 13. parlare = speak, 16. fisico = physical, 17. permesso = allowed, 18. facilmente = easily, 19. figlia = daughter, 21. ragazze = girls, 23. titolo = title, 24. largo = wide, 26. vetro = glass.

Puzzle #23. Across: 4. infine = eventually, 10. scopo = purpose, 12. trenta = thirty, 13. esistendo = existing, 18. elezione = election, 19. armare = arm, 20. compito = task, 21. verde = green, 23. vincere = win, 25. abbandonando = leaving, 26. vive = lives, 27. regola = rule, 28. nota = note. **Down:** 1. pezzo = piece, 2. pesante = heavy, 3. bambino = baby, 5. domani = tomorrow, 6. capacità = ability, 7. capo = leader, 8. portato = carried, 9. lavorato = worked, 10. modello = pattern, 11. ricevuto = received, 14. superficie = surface, 15. stazione = station, 16. bocca = mouth, 17. fonte = source, 22. altamente = highly, 23. camminare = walk, 24. metodo = method.

Puzzle #24. Across: 2. completamente = fully, 4. insegnante = teacher, 5. sviluppare = develop, 6. scatola = box, 7. ufficiali = officers, 9. proporre = suggest, 12. rimanere = remain, 15. pace = peace, 17. tè = tea, 21. malattia = disease, 23. vendita = sale, 24. rompere = break, 27. bello = beautiful, 28. macchina = machine, 29. succedere = happen. **Down:** 1. caldo = hot, 2. fattori = factors, 3. riguardare = concern, 8. leggermente = slightly, 10. problema = trouble, 11. vuole = wants, 13. carattere = character, 14. altrimenti = otherwise, 16. attrezzatura = equipment, 18. alzarsi = rise, 19. equilibrio = balance, 20. appena = hardly, 22. orologio = watch, 25. sole = sun, 26. sedere = sit.

Puzzle #25. Across: 2. sicurezza = safety, 5. ambientale = environmental, 8. aggiungere = add, 9. altoparlante = speaker, 12. sesso = sex, 14. funzione = function, 16. contante = cash, 17. imparare = learn, 19. conosce = knows, 23. stabilito = established, 25. lega = league, 26. fornisce = provides, 27. avviso = notice. **Down:** 1. pomeriggio = afternoon, 3. cinquanta = fifty, 4. blu = blue, 6. ne = neither, 7. ovvio = obvious, 8. argomento = argument, 10. fratello = brother, 11. vinto = won, 13. scambio = exchange, 14. ditta = firm, 15. sviluppato = developed, 18. nessuno = none, 19. cucina = kitchen, 20. speso = spent, 21. peso = weight, 22. settore = sector, 24. aspettare = wait.

Puzzle #26. Across: 3. biblioteca = library, 5. aiutare = aid, 7. firmare = sign, 9. cane = dog, 11. giocato = played, 13. esecutivo = executive, 14. rimane = remains, 16. indagine = survey, 23. profondo = deep, 24. verità = truth, 25. caratteristiche = features, 26. pianificazione = planning, 27. mandare = send, 28. fabbro = smith. **Down:** 1. chiave = key, 2. funzionario = officer, 4. bilancio = budget, 6. dovere = duty, 8. più = plus, 9. azionamento = drive, 10. fornitura = supply, 12. scuro = dark, 15. concordare = agree, 16. diritto = straight, 17. spiegare = explain, 18. fiammifero = match, 19. pertinente = relevant, 20. passo = step, 21. nato = born, 22. evitare = avoid.

Puzzle #27. Across: 1. pietra = stone, 5. diventa = becomes, 8. sedia = chair, 11. marrone = brown, 12. appare = appears, 14. matrimonio = marriage, 18. ottiene = gets, 21. esercizio = exercise, 24. lentamente = slowly, 25. ultimo = latter, 26. maschio = male, 27. pratico = practical, 28. enorme = huge, 29. paura = fear. **Down:** 2. sforzo = effort, 3. testo = text, 4. arrivare = reach, 6. cavallo = horse, 7. telefono = phone, 9. evidentemente = apparently, 10. discorso = speech, 13. proposto = suggested, 15. crescente = increasing, 16. carriera = career, 17. pianta = plant, 19. rimasto = remained, 20. riferito = reported, 22. aggiudicazione = award, 23. fallimento = failure, 26. mamma = mum.

Puzzle #28. Across: 1. riferimento = reference, 4. mangiare = eat, 5. angolo = corner, 7. sorella = sister, 10. cominciare = begin, 11. squama = scale, 12. invece = instead, 15. congiungere = join, 17. orlo = edge, 19. parere = opinion, 21. scrivendo = writing, 23. immagine = image, 24. commovente = moving, 25. soltanto = merely, 26. palla = ball, 27. sposato = married. **Down:** 2. razza = race, 3. piede = foot, 4. espressione = expression, 5. capo = chief, 6. ricevere = receive, 7. velocità = speed, 8. vento = wind, 9. sedendo = sitting, 13. aggiuntivo = additional, 14. mettendo = putting, 16. freddo = cold, 18. crescendo = growing, 20. nomi = names, 22. regolare = regular.

Puzzle #29. Across: 1. attentamente = carefully, 3. treno = train, 8. principalmente = mainly, 10. vantaggio = advantage, 11. attivo = active, 17. attualmente = currently, 18. qualcuno = somebody, 20. veste = clothes, 22. costruire = build, 24. assicurazione = insurance, 26. raggio = spoke, 28. lunghezza = length, 30. potente = powerful. **Down:** 2. ferrovia = railway, 4. tuttavia = nevertheless, 5. disegnato = drawn, 6. salvare = save, 7. dolore = pain, 9. pelle = skin, 12. comprato = bought, 13. forse = possibly, 14. aperto = opened, 15. ridurre = reduce, 16. giorno festivo = holiday, 19. sorriso = smiled, 21. forza = strength, 23. leggendo = reading, 25. peggiore = worse, 27. vendere = sell, 29. colpire = hit.

Puzzle #30. Across: 1. completamente = entirely, 3. caro = dear, 4. caldo = warm, 9. bere = drink, 14. scegliere = choose, 15. sessuale = sexual, 16. rete = network, 20. contiene = includes, 22. compiere = achieve, 23. aver bisogno di = require, 25. papà = dad, 26. precedentemente = previously, 27. danno = damage, 28. stanotte = tonight. **Down:** 2. trasporto = transport, 5. reale = actual, 6. inverno = winter, 7. sorridere = smile, 8. ricco = rich, 10. rotto = broken, 11. fermato = stopped, 12. ucciso = killed, 13. capendo = understanding, 14. fiducia = confidence, 15. in qualche luogo = somewhere, 17. estremamente = extremely, 18. tecnico = technical, 19. pubblicato = published, 21. dormire = sleep, 24. legno = wood.

Puzzle #31. Across: 2. articoli = items, 4. fruire = enjoy, 9. decente = proper, 11. amministrazione = administration, 13. regno = kingdom, 14. sparato = shot, 15. abbastanza = fairly, 16. impedire = prevent, 19. armadietto = cabinet, 20. significato = meaning, 22. collina = hill, 23. dibattito = debate, 25. giustizia = justice, 27. dodici = twelve, 28. delitto = crime, 29. propone = suggests. **Down:** 1. conveniente = becoming, 3. quaranta = forty, 5. disegnare = draw, 6. secco = dry, 7. vista = sight, 8. presentato = introduced, 10. ugualmente = equally, 12. esistenza = existence, 14. farcire = stuff, 17. eccellente = excellent, 18. camminato = walked, 21. compiuto = achieved, 24. indirizzo = address, 26. gambe = legs.

Puzzle #32. Across: 1. confrontato = compared, 4. incidente = accident, 6. certamente = surely, 8. eguale = equal, 10. votare = vote, 13. valutazione = assessment, 15. albero = tree, 16. fondo = fund, 18. regina = queen, 19. roccia = rock, 21. prigione = prison, 24. ufficiale = official, 26. media = average, 27. fine settimana = weekend, 28. prova = trial, 29. documenti = papers. **Down:** 2. annunciato =

announced, 3. quotidiano = daily, 5. perdere = lose, 7. incapace = unable, 9. libbra = pound, 11. pioggia = rain, 12. adattare = fit, 14. miniera = mine, 16. fattoria = farm, 17. caffè = coffee, 20. assegno = check, 22. rilievo = relief, 23. ponte = bridge, 25. combattere = fight.

Puzzle #33. Across: 2. dimenticare = forget, 4. durante = whereas, 5. nessuno = nobody, 7. piccone = pick, 8. posto = seat, 9. toccare = touch, 10. fondi = funds, 13. velivolo = aircraft, 14. biondo = fair, 16. giochi = games, 18. sicuro = safe, 20. anello = ring, 22. giudice = judge, 24. contestare = challenge, 25. migliorare = improve, 26. sentiero = path, 27. due volte = twice, 28. pranzo = dinner. **Down:** 1. ragionevole = reasonable, 3. fattore = factor, 6. sfondo = background, 8. dolce = soft, 11. sostanziale = substantial, 12. considerato = regarded, 15. bello = lovely, 17. vino = wine, 19. forzato = forced, 21. maestro = master, 22. giunto = joint, 23. avanti = ahead.

Puzzle #34. Across: 3. costruzione = construction, 8. pauroso = afraid, 9. avviamento = starting, 13. atteggiamento = attitude, 14. concessione = grant, 16. mostrando = showing, 17. ognuno = everybody, 18. in piedi = standing, 22. comunicazione = communication, 23. paio = pair, 24. dovuto = due, 26. dettaglio = detail, 28. caratteristica = feature, 29. forma = shape. **Down:** 1. libertà = freedom, 2. quarto = fourth, 4. preso = caught, 5. bersaglio = target, 6. maniera = manner, 7. croce = cross, 10. figurarsi = imagine, 11. pericolo = danger, 12. scopo = aim, 15. imparando = learning, 16. adatto = suitable, 19. doppio = double, 20. venduto = sold, 21. dovere = ought, 25. utente = user, 27. pista = track.

Puzzle #35. Across: 5. alzare = raise, 6. vissuto = lived, 7. accanto = beside, 9. succede = happens, 10. tempo = weather, 12. calcio = football, 13. oggetto = object, 15. sanguinante = bloody, 16. chiedendo = asking, 17. assenza = absence, 18. vedendo = seeing, 20. dubitare = doubt, 21. facile = easier, 22. ridotto = reduced, 24. costoso = expensive, 25. conservando = keeping, 26. durante = whilst. **Down:** 1. disoccupazione = unemployment, 2. orientale = eastern, 3. dettagliato = detailed, 4. misura = measure, 8. pulito = clean, 11. trasferimento = transfer, 13. rendimento = output, 14. chiuso = closed, 17. assolutamente = absolutely, 18. frase = sentence, 19. scopo = goal, 20. pericoloso = dangerous, 23. campi = fields.

Puzzle #36. Across: 1. vuoto = empty, 4. camminando = walking, 5. impegno = commitment, 6. viaggiare = travel, 8. portando = carrying, 11. scelto = chosen, 12. brillante = bright, 14. altrove = elsewhere, 16. creduto = believed, 18. dicendo = telling, 21. ricerca = search, 22. girando = turning, 24. accadere = occur, 26. copia = copy, 27. ascoltare = listen, 28. largamente = widely, 29. aspettando = waiting. **Down:** 2. grazioso = pretty, 3. improbabile = unlikely, 7. vittoria = victory, 8. carta = card, 9. riconoscimento = recognition, 10. omicidio = murder, 13. liberare = release, 15. storico = historical, 17. visualizzazione = display, 19. ottenuto = obtained, 20. in parte = partly, 23. molla = spring, 25. calore = heat.

Puzzle #37. Across: 3. reazione = reaction, 4. scoperto = discovered, 7. opzione = option, 10. tomaia = upper, 11. minaccia = threat, 12. udienza = audience, 15. calmare = quiet, 17. spiegato = explained, 19. crescere = grow, 20. battere = beat, 22. montaggio = assembly, 24. grazie = thanks, 26. spesa = expenditure, 27. collo = neck, 28. barca = boat. **Down:** 1. mantenere = maintain, 2. giro = tour, 3. riforma = reform, 5. cammino = route, 6. meridionale = southern, 8. regolazione = setting, 9. minimo = least, 13. attentamente = closely, 14. apparenza = appearance, 16. cricco = jack, 17. esistere = exist, 18. morire = die, 21. minuscolo = tiny, 23. fattoria = estate, 25. cercare = seek.

Puzzle #38. Across: 1. appartenenza = membership, 5. preoccupazione = worry, 6. eccetto = except, 9. femmina = female, 10. ramo = branch, 12. quindici = fifteen, 14. definito = determined, 15. fatti = facts, 16. paziente = patient, 20. richiede = requires, 21. istituto = institute, 23. apparso = appeared, 24. totale = overall, 26. inferno = hell, 27. autobus = bus, 28. diretto = managed. **Down:** 2. enfasi = emphasis, 3. pagamento = payment, 4. congiunto = joined, 6. entrare = enter, 7. coperto = covered, 8. fuoco = focus, 11. rispettare = respect, 12. fede = faith, 13. constatare = establish, 17. quadrato = square, 18. fondendo = finding, 19. abbandona = leaves, 22. giocatore = player, 25. gamba = leg.

Puzzle #39. Across: 2. letteratura = literature, 5. pacchetto = package, 7. diffondere = spread, 10. autista = driver, 11. occupato = busy, 12. aiutato = helped, 13. riguardato = affected, 14. signore = gentleman, 17. benvenuto = welcome, 20. oro = gold, 21. carbone = coal, 24. veloce = fast, 25. pranzo = lunch, 27. nascita = birth, 28. sorprendere = surprise, 29. indagine = investigation. **Down:** 1. alito = breath, 3. sostituito = replaced, 4. orso = bear, 6. accurato = careful, 8. largo = broad, 9. sì = aye, 11. fondo = bottom, 15. sotto = beneath, 16. piacere = pleasure, 18. corona = crown, 19. esposizione = exhibition, 22. credenza = belief, 23. stella = star, 26. magro = thin.

Puzzle #40. Across: 2. lento = slow, 4. capitano = captain, 6. efficacemente = effectively, 9. nessuno = anybody, 12. esterno = external, 13. negozi = shops, 16. strade = streets, 18. giornale = newspaper, 21. solo = alone, 23. abbondanza = plenty, 24. colpire = strike, 25. imparentato = related, 26. meraviglioso = wonderful, 27. trattato = treaty. **Down:** 1. borsa = bag, 2. cielo = sky, 3. proprietario = owner, 5. nominato = appointed, 7. funzioni = functions, 8. motore = engine, 10. debito = debt, 11. dipende = depends, 12. ecc = etc, 13. schermo = screen, 14. teatro = theatre, 15. socio = partner, 17. insegnando = teaching, 19. antico = ancient, 20. anziano = elderly, 22. stretto = narrow.

Puzzle #41. Across: 2. diciannove = nineteen, 5. abilitare = enable, 7. intanto = meanwhile, 8. piano = flat, 9. truppe = troops, 11. prendere = catch, 13. intero = entire, 14. viaggio = journey, 18. riduzione = reduction, 20. tipico = typical, 21. latte = milk, 22. guadagno = gain, 24. benessere = welfare, 25. portando = bringing, 26. parla = talks, 27. conoscendo = knowing, 28. sperato = hoped, 29. rete = net. **Down:** 1. denti = teeth, 3. spiegazione = explanation, 4. portare = wear, 6. miliardo = billion, 10. parlando = speaking, 12. da qui = hence, 15. esame = examination, 16. luogo = spot, 17. spreco = waste, 19. incoraggiare = encourage, 23. fuga = flight, 24. peggiore = worst.

Puzzle #42. Across: 5. lima = file, 11. alquanto = somewhat, 14. tecnica = technique, 15. ingegneria = engineering, 17. campione = sample, 19. abito = suit, 21. uccidere = kill, 23. fila = row, 26. per sfortuna = unfortunately, 27. fissato = fixed, 29. cervello = brain. **Down:** 1.

finito = completed, 2. fase = phase, 3. raro = rare, 4. rimanendo = remaining, 6. stupirsi = wonder, 7. movimento = motion, 8. nave = ship, 9. collegamento = link, 10. fissare = secure, 12. selvaggio = wild, 13. riguardare = affect, 16. fabbrica = factory, 18. comando = leadership, 19. spalla = shoulder, 20. segnaletica = signs, 22. alloggiamento = housing, 24. breve = brief, 25. saccheggiare = harry, 28. goccia = drop.

Puzzle #43. Across: 7. rapido = quick, 8. costante = constant, 9. alto = tall, 13. fondamentale = fundamental, 15. apertura = opening, 18. cliente = customer, 20. ci = ourselves, 21. divertente = funny, 26. ferro = iron, 28. ottenere = obtain, 29. dopo = afterwards, 30. fortemente = strongly. **Down:** 1. scrivania = desk, 2. gioventù = youth, 3. menzionare = mention, 4. tirato = pulled, 5. interno = inner, 6. moda = fashion, 10. mentire = lie, 11. buco = hole, 12. rappresentare = represent, 14. rumore = noise, 16. permettere = afford, 17. iniziale = initial, 19. espresso = expressed, 22. accento = stress, 23. ferita = injury, 24. fra = amongst, 25. costa = coast, 27. punto = picked.

Puzzle #44. Across: 1. autore = author, 5. firmato = signed, 6. strano = odd, 9. sofferto = suffered, 14. sessanta = sixty, 16. avanzare = advance, 18. appuntamento = appointment, 20. inoltre = moreover, 23. somma = sum, 25. vestire = dress, 27. in qualche modo = somehow, 28. nastro = tape, 29. liquidazione = settlement, 30. pagine = pages. **Down:** 2. unico = unique, 3. folla = crowd, 4. male = badly, 7. chiama = calls, 8. accademico = academic, 10. evasione = escape, 11. indipendenza = independence, 12. vicolo = lane, 13. espresso = express, 15. nazione = nation, 17. consorzio = pool, 19. ricordato = remembered, 21. uffici = offices, 22. registrato = recorded, 24. sconosciuto = unknown, 26. cani = dogs.

Puzzle #45. Across: 1. camera da letto = bedroom, 4. battaglia = struggle, 8. carburante = fuel, 9. sostenuto = supported, 10. anziano = aged, 14. coinvolgendo = involving, 15. cambiare = changing, 18. vivo = alive, 20. sogno = dream, 22. furgone = van, 24. codice = code, 27. impresa = enterprise, 28. successivo = subsequent, 29. tirare = pull. **Down:** 2. raramente = rarely, 3. foglio = sheet, 5. esperto = experienced, 6. scorrere = flow, 7. oggetti = objects, 10. arrabbiato = angry, 11. appuntato = pointed, 12. microfono = mike, 13. atti = proceedings, 16. rivista = magazine, 17. tono = tone, 19. bellezza = beauty, 21. il vostro = yours, 23. colpevole = guilty, 25. naso = nose, 26. pasto = meal.

Puzzle #46. Across: 1. sviluppando = developing, 5. alloggio = accommodation, 9. insolito = unusual, 10. rivoluzione = revolution, 11. veicolo = vehicle, 13. armato = armed, 16. frutta = fruit, 17. presumere = assume, 21. dovunque = anywhere, 22. entrato = entered, 23. negozio = store, 24. contrassegnato = marked, 25. colazione = breakfast, 28. tranquillamente = quietly, 29. erba = grass, 30. permette = allows. **Down:** 2. coinvolgimento = involvement, 3. tetto = roof, 4. novanta = ninety, 6. dirigere = manage, 7. vendendo = selling, 8. capito = understood, 12. miglioramento = improvement, 14. parente = relative, 15. tolto = removed, 18. vescovo = bishop, 19. disposizioni = provisions, 20. richiesta = request, 26. lacrime = tears, 27. fortunato = lucky.

Puzzle #47. Across: 1. famiglia = household, 5. amichevole = friendly, 7. droga = drug, 8. comodo = comfortable, 10. indice = index, 14. vasto = extensive, 15. sporcare = soil, 16. chiudere = shut, 18. risposta = reply, 20. canale = channel, 21. lettore = reader, 24. dimenticato = forgotten, 25. posizione = location, 26. gustare = taste, 27. stabilimento = establishment, 28. tipo = guy, 29. contento = glad, 30. delicatamente = gently. **Down:** 2. canzone = song, 3. argomentare = argue, 4. reddito = revenue, 6. coinvolgere = involve, 9. crede = believes, 11. delegato = deputy, 12. fermamente = firmly, 13. affilato = sharp, 17. manutenzione = maintenance, 19. acquisto = purchase, 22. maggiormente = mostly, 23. centinaia = hundreds.

Puzzle #48. Across: 2. confessato = admitted, 4. viaggio = trip, 6. disposto = willing, 7. costoso = valuable, 11. mancato = missed, 12. regolarmente = regularly, 14. portavoce = spokesman, 15. ciao = hello, 17. all'estero = abroad, 20. togliere = remove, 21. gatto = cat, 25. appiccicare = stick, 26. disegno = drawing, 27. migliorato = improved, 28. dorato = golden, 29. definire = determine. **Down:** 1. riempire = fill, 3. pensa = thinks, 5. sorpreso = surprised, 8. volontario = voluntary, 9. giallo = yellow, 10. caduto = fallen, 13. campagna = countryside, 14. spighe = stars, 16. lago = lake, 18. accaduto = occurred, 19. montagna = mountain, 22. subitaneo = sudden, 23. imparato = learned, 24. ascensore = lift.

Puzzle #49. Across: 2. recitazione = acting, 4. riferire = refer, 6. comando = command, 7. opzioni = options, 10. udendo = hearing, 12. undici = eleven, 14. perdite = losses, 17. petto = chest, 18. rifiutato = refused, 20. specchio = mirror, 22. uccello = bird, 23. struttura = framework, 26. contare = count, 27. inizialmente = initially, 29. aguzzo = keen, 30. adottato = adopted. **Down:** 1. guarigione = recovery, 3. cresciuto = grown, 5. carta = map, 8. lanciato = launched, 9. tema = theme, 11. elettricità = electricity, 13. esteso = extended, 15. riguardo = regard, 16. articolo = item, 19. prossimamente = shortly, 21. rotaia = rail, 24. prestito = loan, 25. ottanta = eighty, 28. ghiaccio = ice.

Puzzle #50. Across: 2. ricchezza = wealth, 5. stimato = estimated, 6. stato = stayed, 8. pane = bread, 11. pannello = panel, 12. pubblicazione = publication, 13. infrazione = offence, 15. pagando = paying, 19. massimo = maximum, 21. decennio = decade, 23. attivo = assets, 24. incoraggiato = encouraged, 25. genitore = parent, 26. altezza = height, 27. punteggio = score, 28. salario = wages. **Down:** 1. autore = writer, 3. responsabilità = liability, 4. sottovento = lee, 7. cadendo = falling, 8. orlo = border, 9. profondamente = deeply, 10. gregge = drove, 13. osservato = observed, 14. fondazione = foundation, 16. ascoltando = listening, 17. emesso = issued, 18. avanzato = advanced, 20. prova = attempts, 22. calco = cast.

Puzzle #51. Across: 4. confessare = admit, 7. partito = supporters, 10. dice = tells, 12. permettendo = allowing, 13. consegna = delivery, 15. avvertito = warned, 16. errore = mistake, 18. manico = handle, 21. rappresentanza = representation, 24. coinvolge = involves, 25. iarde = yards, 27. risultato = outcome, 28. catena = chain, 29. carne = meat, 30. guida = driving. **Down:** 1. vittima = victim, 2. rivestimento = facing, 3. successivamente = subsequently, 5. corre = runs, 6. impero = empire, 8. scala = stairs, 9. fratelli = brothers, 11. ordinato = ordered, 14. scarpe = shoes, 17. iniziativa = initiative, 19. da parte = aside, 20. risoluzione = resolution, 22. piatto = plate, 23. nozione = notion, 26. limite = bound.

Puzzle #52. Across: 1. riflettere = reflect, 5. amministrativo = administrative, 7. vincendo = winning, 9. parrocchia = parish, 11. assistere = attend, 12. cercando = seeking, 15. adeguato = adequate, 16. segreto = secret, 21. rispondere = respond, 24. istruzioni = instructions, 25. sano = healthy, 26. aspettato = waited, 27. stanco = tired, 28. pallido = pale. **Down:** 2. espansione = expansion, 3. notevole = remarkable, 4. zio = uncle, 6. elettrico = electric, 7. operaio = worker, 8. cancello = gate, 10. debole = weak, 13. esaminare = examine, 14. spera = hopes, 17. di legno = wooden, 18. trattare = treat, 19. quinto = fifth, 20. mobili = furniture, 22. tasca = pocket, 23. odore = smell, 25. ferire = hurt.

Puzzle #53. Across: 1. costituzione = constitution, 4. sopravvivere = survive, 5. obiettivo = objective, 9. difetto = fault, 11. dipendere = depend, 12. spingere = push, 13. sorprendente = surprising, 15. inchiesta = inquiry, 17. bagno = bath, 20. congresso = convention, 21. aereo = plane, 23. assoluto = absolute, 24. estensione = extension, 25. dolce = sweet, 26. riferito = referred, 28. ristorante = restaurant. **Down:** 2. presentare = introduce, 3. rappresentato = represented, 4. stesso = self, 6. spiaggia = beach, 7. parlato = spoken, 8. separato = apart, 10. ridere = laugh, 13. cercato = sought, 14. soffrire = suffer, 16. ballare = dance, 18. consapevolezza = awareness, 19. coincidenza = connection, 22. posato = laid, 27. fucile = gun.

Puzzle #54. Across: 3. confronto = comparison, 6. raccontando = relating, 7. respinto = rejected, 8. sostituire = replace, 12. parlato = talked, 13. neve = snow, 16. divario = gap, 18. zucchero = sugar, 20. presunto = assumed, 21. dipendente = dependent, 25. rude = rough, 27. letterario = literary, 28. inquinamento = pollution. **Down:** 1. fumo = smoke, 2. triste = sad, 4. accade = occurs, 5. offerta = bid, 6. riflesso = reflected, 9. con successo = successfully, 10. visivo = visual, 11. elettronico = electronic, 14. desiderato = wished, 15. rappresenta = represents, 16. molto = greatly, 17. puro = pure, 19. sperando = hoping, 22. nemico = enemy, 23. fallire = fail, 24. cappotto = coat, 26. onda = wave.

Puzzle #55. Across: 6. causa = sake, 7. comincia = begins, 8. cancelliere = chancellor, 9. umore = mood, 10. accomodamento = arrangement, 12. malattia = illness, 13. turno = shift, 15. succedendo = happening, 16. birra = beer, 19. fiducioso = confident, 21. diciannovesimo = nineteenth, 23. oscurità = darkness, 26. oltremare = overseas, 28. brevemente = briefly, 29. dipinti = paintings, 30. acquisto = buying. **Down:** 1. filosofia = philosophy, 2. nozze = wedding, 3. imputato = defendant, 4. mantenuto = maintained, 5. accanto = alongside, 11. miglio = mile, 14. spesso = thick, 17. diffuso = widespread, 18. pensionamento = retirement, 20. telaio = frame, 22. gettare = throw, 24. eccitando = exciting, 25. bagnato = wet, 27. volare = fly.

Puzzle #56. Across: 1. tutto = altogether, 3. arbusto = bush, 5. gola = throat, 7. giudizio = judgment, 8. mulino = mill, 10. porta = brings, 12. attrezzi = tools, 16. pubblicato = revealed, 18. matto = mad, 19. eseguire = perform, 20. ogni volta che = whenever, 22. volando = flying, 23. pittura = painting, 25. breccia = breach, 26. servizievole = helpful, 27. davvero = truly, 28. esiste = exists. **Down:** 2. guadagni = earnings, 4. sopravvivenza = survival, 6. minacciato = threatened, 9. dito = finger, 11. ripetuto = repeated, 13. liscio = smooth, 14. pubblicità = advertising, 15. principalmente = primarily, 16. rispettivamente = respectively, 17. impiegato = employed, 20. paga = wage, 21. dappertutto = everywhere, 24. duca = duke.

Puzzle #57. Across: 4. soffrendo = suffering, 6. dalla faccia = faced, 8. orgoglioso = proud, 10. pendere = hang, 11. nascosto = hidden, 13. baia = bay, 14. veicoli = vehicles, 17. ansioso = anxious, 18. cortile = yard, 21. cappello = hat, 22. negato = denied, 23. provato = attempted, 25. prospettiva = perspective, 27. scoprire = discover, 28. fondamentalmente = basically, 29. vincitore = winner. **Down:** 1. valuta = currency, 2. tacca = nick, 3. nucleo = core, 5. estendere = extend, 7. costante = consistent, 9. proprietà = ownership, 12. esaminato = examined, 13. compleanno = birthday, 15. elemosina = charity, 16. mistura = mixture, 19. disfatta = defeat, 20. meno = fewer, 24. estremo = extreme, 26. abilità = skill.

Puzzle #58. Across: 1. anima = soul, 5. ragionevolmente = reasonably, 7. profondità = depth, 8. campana = bell, 10. acciaio = steel, 11. avvertendo = warning, 12. zia = aunt, 15. pieno = filled, 17. segnale = signal, 19. santo = holy, 20. collera = anger, 22. contento = pleased, 23. pecora = sheep, 26. affitto = rent, 27. cosciente = conscious, 28. avvocato = solicitor. **Down:** 2. arretrato = outstanding, 3. risparmi = savings, 4. teorico = theoretical, 6. assistito = attended, 9. premio = prize, 13. infermiera = nurse, 14. colpa = blame, 16. successo = achievement, 18. insegnato = taught, 21. variare = vary, 22. dipingere = paint, 24. orecchie = ears, 25. sabbia = sand, 27. equipaggio = crew.

Puzzle #59. Across: 1. attore = plaintiff, 7. concesso = granted, 9. onesto = honest, 10. nascere = arise, 11. lancio = launch, 12. soffiare = blow, 14. datore di lavoro = employer, 16. piangere = cry, 17. frase = phrase, 18. supporre = guess, 20. disperso = missing, 23. alleanza = alliance, 24. fonde = finds, 25. copertura = covering, 26. interruttore = switch, 27. agio = ease. **Down:** 1. pacco = pack, 2. duro = tough, 3. scusa = excuse, 4. costantemente = constantly, 5. giacca = jacket, 6. ripetere = repeat, 8. dichiarato = declared, 13. paesaggio = landscape, 14. esperimento = experiment, 15. diciotto = eighteen, 16. grillo = cricket, 19. addestrato = trained, 21. immagazzinamento = storage, 22. uomo = fellow.

Puzzle #60. Across: 1. costituzionale = constitutional, 4. guidato = driven, 8. istituzione = institution, 9. mette = puts, 11. orecchio = ear, 12. controversia = dispute, 15. dispositivo = device, 17. tagli = cuts, 23. aeroporto = airport, 26. meccanismo = mechanism, 27. entusiasmo = enthusiasm, 28. fortuna = luck, 29. eccezione = exception, 30. impiegato = employee. **Down:** 2. vantaggi = advantages, 3. inoltre = furthermore, 5. gira = turns, 6. stivali = boots, 7. esatto = accurate, 10. tempo libero = leisure, 13. passo = pace, 14. eseguito = performed, 16. campione = champion, 18. settanta = seventy, 19. risparmiare = spare, 20. finalmente = ultimately, 21. chiamando = calling, 22. orribile = awful, 24. richiamo = recall, 25. vestito = dressed.

Puzzle #61. Across: 4. commercializzazione = marketing, 8. mangiando = eating, 9. montagne = mountains, 12. scoperta = discovery, 14. camminare = ride, 17. serbatoio = tank, 18. fendere = split, 20. gioca = plays, 26. infanzia = childhood, 27. di sopra = upstairs, 28. sciocco = silly, 29. tassa = fee, 30. romanzo = novel. **Down:** 1. in secondo luogo = secondly, 2. osservazione = observation, 3. ala = wing, 5. misto = mixed, 6. raccogliere = collect, 7. rapporto = ratio, 10. vicino = nearby, 11. orologio = clock, 13. soddisfazione =

satisfaction, 15. ritardo = delay, 16. capo = boss, 19. carico = load, 21. sistemato = arranged, 22. leggero = slight, 23. distante = remote, 24. colonna = column, 25. scrutinio = poll.

Puzzle #62. Across: 3. torta = cake, 6. apposta = deliberately, 7. malato = sick, 8. divertimento = fun, 11. consolare = comfort, 13. stampare = print, 15. attraversato = crossed, 17. posta = mail, 18. sporco = dirty, 23. preoccupato = worried, 24. raccolto = collected, 25. caricato = charged, 27. psicologico = psychological, 28. valutazione = evaluation. **Down:** 1. sede centrale = headquarters, 2. esperto = expert, 3. cuoca = cook, 4. capotreno = guard, 5. alimentare = feed, 9. gioia = joy, 10. rottura = breaking, 12. disoccupato = unemployed, 14. campionato = championship, 16. apparso = emerged, 19. torre = tower, 20. ciclo = cycle, 21. prontamente = readily, 22. perdendo = losing, 24. a buon mercato = cheap, 26. ospite = host.

Puzzle #63. Across: 3. taglio = cutting, 6. passo = pitch, 8. chitarra = guitar, 9. modo = mode, 11. odiare = hate, 12. superare = overcome, 13. riconoscente = grateful, 14. dozzina = dozen, 16. scommettere = bet, 17. sedici = sixteen, 19. coltello = knife, 21. poesia = poetry, 23. vettura = coach, 25. rubato = stolen, 27. ombra = shadow, 28. scomunica = ban, 29. sposare = marry, 30. intrapreso = undertaken. **Down:** 1. fissare = staring, 2. spese = expense, 4. toccato = touched, 5. piacevole = pleasant, 7. quattordici = fourteen, 10. ferie = holidays, 15. valutare = assess, 18. insegnare = teach, 20. garanzia = guarantee, 22. minore = junior, 24. danno = harm, 26. nuovamente = newly.

Puzzle #64. Across: 1. prova = proof, 6. presunto = alleged, 12. sbarazzare = rid, 14. trasferito = transferred, 17. parentado = relatives, 19. stando = staying, 20. inoltre = besides, 22. aggiungendo = adding, 25. laghetto = mere, 26. aderente = fitted, 27. nome = named. **Down:** 1. punta = peak, 2. preferito = favourite, 3. sostituzione = replacement, 4. registrazione = recording, 5. spedisce = ships, 7. distrutto = destroyed, 8. compratore = buyer, 9. competenza = expertise, 10. sordo = deaf, 11. orgoglio = pride, 13. cambiale = draft, 15. immaginazione = imagination, 16. macchina fotografica = camera, 17. pubblicare = reveal, 18. rosa = pink, 20. carico = burden, 21. argento = silver, 23. polvere = dust, 24. regalo = gift.

Puzzle #65. Across: 1. scia = wake, 3. abbastanza = sufficiently, 8. ispettore = inspector, 9. attirare = attract, 12. ansia = anxiety, 13. sorprendentemente = surprisingly, 17. disperato = desperate, 20. fotografare = photograph, 21. cieco = blind, 23. formaggio = cheese, 25. rullo = roll, 26. strumento = instrument, 27. puramente = purely, 28. bovini = cattle. **Down:** 2. conserva = keeps, 3. camicia = shirt, 4. affittuario = tenant, 5. comunista = communist, 6. scrive = writes, 7. raccomandato = recommended, 10. eccitazione = excitement, 11. fresco = cool, 14. sesto = sixth, 15. cuoio = leather, 16. chirurgia = surgery, 18. piattaforma = platform, 19. sale = salt, 22. ruota = wheel, 24. regolare = settle, 26. malato = ill.

Puzzle #66. Across: 1. incoraggiando = encouraging, 4. giudiziario = judicial, 6. morbidamente = softly, 9. addormentato = asleep, 13. licenziato = dismissed, 16. rappresentante = representative, 17. misurato = measured, 18. comunemente = commonly, 21. crudo = raw, 25. occhiali = glasses, 26. abbandonato = abandoned, 28. salvato = saved, 29. sofisticato = sophisticated. **Down:** 1. spiega = explains, 2. scomparso = disappeared, 3. psicologia = psychology, 5. strato = layer, 7. carne = flesh, 8. sottostante = underlying, 10. cima = summit, 11. suo = hers, 12. considerando = regarding, 14. ruscello = stream, 15. regolazione = regulation, 19. esterno = outer, 20. tendenza = trend, 22. uovo = egg, 23. coda = tail, 24. lordo = gross, 27. legame = bond.

Puzzle #67. Across: 4. macchinario = machinery, 6. disco = disk, 8. osso = bone, 9. pubblicità = publicity, 12. indubbiamente = undoubtedly, 15. sospettare = suspect, 16. compreso = realized, 18. argomento = topic, 21. tassazione = taxation, 22. straordinario = extraordinary, 24. angolo = angle, 25. flessibile = flexible, 28. ritenere = retain, 29. limitato = restricted. **Down:** 1. pasti = meals, 2. edizione = edition, 3. adottare = adopt, 5. annuncio = announcement, 7. ricevendo = receiving, 10. grasso = fat, 11. giudizio = judgement, 13. ipoteca = mortgage, 14. bagno = bathroom, 17. attirato = attracted, 19. bacio = kiss, 20. stimare = estimate, 21. lingua = tongue, 23. pensionato = retired, 26. bambini = babies, 27. cravatta = tie.

Puzzle #68. Across: 3. provando = attempting, 7. volendo = wanting, 9. camera = chamber, 11. nudo = bare, 12. danneggiato = injured, 14. nascondere = hide, 16. abile = clever, 19. conduce = leads, 20. occhiata = glance, 21. razionale = rational, 26. crema = cream, 28. istruzione = instruction, 29. proponendo = suggesting, 30. rivoluzionario = revolutionary. **Down:** 1. sperimentale = experimental, 2. mandando = sending, 4. dipinto = painted, 5. fisso = steady, 6. quadrettato = checked, 8. soffitto = ceiling, 10. giornale = journal, 13. approssimativamente = roughly, 15. distruzione = destruction, 17. iva = vat, 18. convincere = persuade, 22. consegnato = delivered, 23. cotone = cotton, 24. ospite = guest, 25. in nessun luogo = nowhere, 27. sorridere = smiling.

Puzzle #69. Across: 1. di conseguenza = accordingly, 6. serratura = lock, 7. cielo = heaven, 8. cacciare = hunt, 9. esatto = exact, 11. macerie = rubbish, 16. storico = historic, 17. rifiutare = refuse, 19. benzina = petrol, 23. sistemare = arrange, 25. rovesciare = upset, 26. ricezione = reception, 27. amaro = bitter, 28. giuria = jury, 29. tirando = pulling. **Down:** 2. confrontare = compare, 3. negare = deny, 4. mistero = mystery, 5. riconosciuto = recognized, 6. proprietario = landlord, 10. mela = apple, 12. disturbare = bother, 13. pantaloni = trousers, 14. circondando = surrounding, 15. riassunto = summary, 18. dovunque = wherever, 20. elettrico = electrical, 21. stampato = printed, 22. appena = barely, 24. luna = moon.

Puzzle #70. Across: 3. affidabile = reliable, 7. responsabile = liable, 9. incinta = pregnant, 10. lezione = lesson, 12. destino = fate, 13. interamente = wholly, 15. battuto = beaten, 16. conte = earl, 19. bloccato = locked, 21. aggiunge = adds, 22. sollecitazione = strain, 24. mancia = tip, 25. banco = counter, 26. uccisione = killing, 27. sigaretta = cigarette. **Down:** 1. mescolare = mix, 2. vapore = steam, 3. comprendere = realize, 4. esportazione = export, 5. flotta = fleet, 6. reciproco = mutual, 7. avvocato = lawyer, 8. ordine del giorno = agenda, 11. stendere = stretch, 14. obbligo = obligation, 15. sbarra = bars, 17. dimostrare = demonstrate, 18. tappeto = carpet, 20. etnico = ethnic, 23. arnese = tool.

Puzzle #71. Across: 1. lavare = wash, 4. bloccato = stuck, 9. aula = classroom, 12. saggio = wise, 13. sogliola = sole, 14. dispositivi = devices, 16. elettorale = electoral, 19. eroe = hero, 20. soddisfacente = satisfactory, 21. agricoltore = farmer, 22. dirigendo = managing,

24. esplorare = explore, 25. tredici = thirteen, 27. ritenuto = retained, 28. legno = timber. **Down:** 2. indennità = allowance, 3. fiore = flower, 4. sostanza = substance, 5. testimone = witness, 6. incertezza = uncertainty, 7. prodotti chimici = chemicals, 8. fenomeno = phenomenon, 10. riuscito = succeeded, 11. sindaco = mayor, 15. rassegnazione = resignation, 17. agevolazione = facility, 18. denso = concentrated, 20. tempesta = storm, 23. cioè = namely, 26. abitudine = habit.

Puzzle #72. Across: 2. osare = dare, 4. popolo = folk, 6. alba = dawn, 8. tubo = pipe, 9. compitare = spell, 12. penna = pen, 14. caratteristico = characteristic, 16. abilita = enables, 17. grazia = grace, 21. biglietto = ticket, 22. volgare = everyday, 23. allievo = pupil, 24. piano = plain, 25. prete = priest, 27. radice = root, 28. cantare = sing. **Down:** 1. tessuto = fabric, 3. ciotola = bowl, 5. riducendo = reducing, 7. bosco = woods, 9. riuscire = succeed, 10. arrischiare = venture, 11. tipicamente = typically, 13. risa = laughter, 15. asportazione = removal, 18. intestazione = heading, 19. confusione = mess, 20. compassione = sympathy, 23. spingere = pushing, 26. scherzo = joke.

Puzzle #73. Across: 2. raccontare = relate, 4. inatteso = unexpected, 7. stima = estimates, 12. ammissione = admission, 13. accesso = connections, 17. decisione = ruling, 19. finanziamento = funding, 20. partenza = departure, 23. speciali = engineers, 24. preghiera = prayer, 26. stretto = tight, 27. cantando = singing, 28. seta = silk, 29. ricordato = reminded. **Down:** 1. ferramenta = hardware, 3. ridere = laughing, 5. dogana = customs, 6. severo = strict, 8. completamente = thoroughly, 9. aggiunta = addition, 10. zona = zone, 11. riconoscere = recognize, 14. consigliato = advised, 15. calcio = kick, 16. esclusivo = exclusive, 17. rappresentando = representing, 18. saltare = jump, 21. al dettaglio = retail, 22. consegnare = deliver, 25. calcolare = reckon.

Puzzle #74. Across: 4. collegato = connected, 6. soddisfatto = satisfied, 7. sciolto = loose, 10. massa = bulk, 13. chiudendo = closing, 14. fissare = gaze, 15. papà = daddy, 18. duomo = cathedral, 20. affrettarsi = rush, 22. nudo = naked, 23. giustificare = justify, 25. riluttante = reluctant, 27. marina = navy, 28. efficacia = effectiveness, 29. orrore = horror. **Down:** 1. infimo = lowest, 2. affitto = lease, 3. risorsa = resource, 5. pesca = fishing, 8. diciottesimo = eighteenth, 9. nube = cloud, 11. confine = boundary, 12. deambulatore = walker, 15. dichiarazione = declaration, 16. nascendo = arising, 17. cioccolata = chocolate, 19. distruggere = destroy, 21. grafica = graphics, 24. burro = butter, 26. ginocchio = knee.

Puzzle #75. Across: 3. letteralmente = literally, 5. stipendio = salary, 7. fisicamente = physically, 9. calore = warmth, 10. attore = actor, 12. arma = weapon, 13. assegno bancario = cheque, 14. paranco = tackle, 19. apparire = emerge, 22. spese = expenses, 23. significa = implies, 25. meccanico = mechanical, 26. istituzionale = institutional, 27. stagno = tin, 28. cuscinetto = bearing. **Down:** 1. scivolare = slip, 2. in mancanza di = failing, 4. congiungendo = joining, 6. incerto = uncertain, 8. vaso = pot, 9. filo = wire, 11. difendere = defend, 13. cappella = chapel, 15. vettura = carriage, 16. riflesso = reflection, 17. settimanalmente = weekly, 18. ritiro = withdrawal, 20. raggio = ray, 21. chiede = asks, 24. arrampicarsi = climb.

Puzzle #76. Across: 2. allarme = alarm, 4. semplice = straightforward, 6. ricuperare = recover, 8. scoppiare = burst, 10. ingiusto = unfair, 12. aspettando = expecting, 14. affittando = letting, 15. incidenti = accidents, 18. amicizia = friendship, 21. entrando = entering, 25. esposto = exposed, 26. ascoltato = listened, 27. leggermente = lightly, 28. astratto = abstract. **Down:** 1. polemica = controversy, 3. matematica = mathematics, 4. puro = sheer, 5. umore = humour, 7. disperatamente = desperately, 9. pettirosso = robin, 11. bibbia = bible, 13. spaventato = frightened, 16. accontentare = satisfy, 17. seppellito = buried, 18. funzionale = functional, 19. esigente = demanding, 20. risolvere = solve, 22. per cui = whereby, 23. stoffa = cloth, 24. fornaio = baker.

Puzzle #77. Across: 2. guado = ford, 6. spettacolare = spectacular, 12. ingegnere = engineer, 13. mugnaio = miller, 14. fango = mud, 15. baracca = shed, 17. infelice = unhappy, 19. perseguire = pursue, 20. limitato = confined, 21. autorimessa = garage, 24. tessuto = tissue, 26. pubblicando = publishing, 27. esposizione = exposure, 28. fiduciosamente = hopefully. **Down:** 1. ispezione = inspection, 2. flessibilità = flexibility, 3. bruciare = burning, 4. doloroso = painful, 5. pungendo = picking, 7. danni = damages, 8. evitato = avoided, 9. universale = worldwide, 10. circondato = surrounded, 11. convinto = persuaded, 16. consigliare = advise, 18. bere = drinking, 22. tristemente = sadly, 23. verificare = audit, 25. vergogna = shame, 26. papa = pope.

Puzzle #78. Across: 3. paragonabile = comparable, 4. danneggiato = damaged, 7. primo = premier, 10. venditore = seller, 11. riparare = repair, 13. cedere = yield, 14. ricerca = searching, 17. collaudo = testing, 20. pollice = inch, 22. conchiglia = shell, 24. invenzione = fiction, 26. valutato = assessed, 28. mezzanotte = midnight, 29. rango = rank. **Down:** 1. sostegno = backing, 2. sopravvissuto = survived, 3. comandante = commander, 5. divertimento = entertainment, 6. esplicito = explicit, 8. salvataggio = rescue, 9. riflette = reflects, 12. colpetto = pat, 15. disponibilità = availability, 16. movimentazione = handling, 18. guadagnare = earn, 19. sotto = underneath, 21. topo = mouse, 23. ragazzo = lad, 25. pollo = chicken, 27. ingranaggio = gear.

Puzzle #79. Across: 4. intelligente = smart, 6. opaco = dull, 7. inutile = unnecessary, 11. commerciante = merchant, 12. morendo = dying, 15. escluso = excluded, 19. sbalordendo = amazing, 20. assicurato = assured, 25. ventesimo = twentieth, 26. dimostrazione = demonstration, 27. adottivo = foster, 28. affamato = hungry, 29. per sempre = forever. **Down:** 1. ossigeno = oxygen, 2. giurisdizione = jurisdiction, 3. circoscrizione elettorale = constituency, 5. spingere = thrust, 8. ricompensare = reward, 9. racconto = tale, 10. etichetta = label, 11. meno = minus, 13. riservare = reserve, 14. ripartizione = allocation, 16. allegro = gay, 17. dizionario = dictionary, 18. porto = harbour, 21. orario = schedule, 22. cristallo = crystal, 23. fisica = physics, 24. complotto = plot.

Puzzle #80. Across: 1. sottile = subtle, 7. vittoria = triumph, 8. istanza = instance, 9. badia = abbey, 12. sotterraneo = underground, 15. figurarsi = fancy, 16. riconosciuto = acknowledged, 18. verdura = vegetables, 20. compassione = pity, 21. prezioso = precious, 23. prima = sooner, 25. costruito = constructed, 26. porta = carries, 27. progettista = designer, 28. raccomandare = recommend. **Down:** 1. simbolo = symbol, 2. pianerottolo = landing, 3. migliorando = improving, 4. guancia = cheek, 5. berretto = cap, 6. grana = grain, 7. terapia = therapy, 10. diciassette = seventeen, 11. film = movie, 13. ufficialmente = officially, 14. cattivo = nasty, 17. rifiuto = refusal, 19. indietro = backwards, 22. minore = lesser, 24. cugino = cousin.

Puzzle #81. Across: 2. giunzione = junction, 4. folla = pile, 5. sostenuto = backed, 6. matto = crazy, 8. vicino = neighbour, 9. espandere = expand, 10. bicicletta = bike, 11. felicemente = happily, 13. frammento = chip, 17. copertura = coverage, 19. posteriore = rear, 20. presumendo = assuming, 21. allocco = fool, 23. appartenere = belong, 24. lana = wool, 26. risolto = resolved, 27. fabbricante = manufacturer. **Down:** 1. regnare = reign, 3. vivaio = nursery, 5. mattone = brick, 7. afferrare = grip, 12. atterrato = landed, 14. parziale = partial, 15. turista = tourist, 16. precedentemente = formerly, 18. cade = falls, 21. volpe = fox, 22. chiusura = closure, 23. borse = bags, 25. cintura = belt.

Puzzle #82. Across: 1. condivisione = sharing, 6. ricordare = remind, 8. costa = shore, 9. spinta = boost, 11. marea = tide, 12. lavato = washed, 13. ordinato = neat, 14. pianeta = planet, 16. patatine fritte = chips, 17. grazia = pardon, 19. inverso = reverse, 22. constatando = establishing, 24. solitario = lonely, 25. lietissimo = delighted, 26. giustificazione = justification, 27. commerciante = dealer, 28. chimico = chemical. **Down:** 2. casuale = random, 3. bene = asset, 4. avanti = forth, 5. reclamo = complaint, 7. eccessivo = excessive, 9. addio = bye, 10. professionale = occupational, 12. debolezza = weakness, 15. assicurando = ensuring, 18. risposto = responded, 20. investigatore = detective, 21. compratore = purchaser, 23. cerimonia = ceremony.

Puzzle #83. Across: 1. attraversamento = crossing, 3. chimica = chemistry, 7. ricuperato = recovered, 10. dottrina = doctrine, 11. baciato = kissed, 13. in primo luogo = firstly, 16. reti = networks, 19. apre = opens, 21. merda = shit, 22. usare = employ, 23. amante = lover, 24. razza = breed, 26. fermarsi = halt, 28. eccezionale = exceptional, 29. presenza = attendance. **Down:** 1. obbligatorio = compulsory, 2. gigante = giant, 4. guadagnato = earned, 5. cronico = chronic, 6. colpire = knock, 8. stupro = rape, 9. contorno = outline, 12. sostanzialmente = substantially, 14. deluso = disappointed, 15. natante = craft, 17. trasformazione = transformation, 18. esclusivamente = exclusively, 20. panchina = bench, 25. dannare = damn, 27. padella = pan.

Puzzle #84. Across: 1. spazzola = brush, 4. rubinetto = tap, 10. spiegando = explaining, 12. mensile = monthly, 14. laminato = rolled, 16. risolvere = resolve, 20. capretto = kid, 23. ripristinare = restore, 24. affascinante = fascinating, 25. bambino = infant, 26. immaginato = imagined, 28. sconto = discount. **Down:** 1. coraggioso = brave, 2. bello = handsome, 3. resto = remainder, 5. pagabile = payable, 6. recinto = fence, 7. appena = scarcely, 8. intraprendere = undertake, 9. sospeso = suspended, 11. tipografo = printer, 13. orribile = horrible, 15. sistematico = systematic, 17. fumando = smoking, 18. rassegnato = resigned, 19. altalena = swing, 21. ferita = wound, 22. concorso = contest, 23. riso = rice, 27. umido = damp.

Puzzle #85. Across: 2. officina = workshop, 5. scuotendo = shaking, 7. tubo = tube, 10. patate = potatoes, 12. riscaldamento = heating, 13. solamente = solely, 15. gerarchia = hierarchy, 18. mangiato = eaten, 19. alimentato = fed, 22. entrata = doorway, 25. ripristinato = restored, 26. fegato = liver, 27. fico = fig, 28. pertinenza = relevance, 29. esplosione = explosion. **Down:** 1. vestendo = clothing, 3. lavandino = sink, 4. montare = mount, 6. ostile = hostile, 8. fine = ending, 9. contadino = peasant, 11. osservare = observe, 13. impressionante = striking, 14. tecnologico = technological, 16. fabbriche = factories, 17. pacifico = peaceful, 20. imperatore = emperor, 21. consultivo = advisory, 23. congelato = frozen, 24. citato = quoted.

Puzzle #86. Across: 2. assicurazione = assurance, 4. stagno = pond, 7. rilassato = relaxed, 9. felicità = happiness, 13. impedito = prevented, 15. colpa = guilt, 16. impiccagione = hanging, 18. picchetto = stake, 20. pericoli = dangers, 21. lealtà = loyalty, 23. affrettarsi = hurry, 26. cancelliere = clerk, 27. ritirato = withdrawn, 28. conferenza = lecture, 29. direttamente = instantly, 30. oggigiorno = nowadays. **Down:** 1. coraggio = courage, 3. caos = chaos, 5. mantenendo = maintaining, 6. lavando = washing, 8. ipotesi = hypothesis, 10. conservare = preserve, 11. sospetto = suspicion, 12. costituire = constitute, 14. senza fine = endless, 17. emendamento = amendment, 19. misura = measurement, 22. forte = loud, 24. grafico = chart, 25. liberamente = freely.

Puzzle #87. Across: 1. cantante = singer, 4. detenuto = prisoner, 7. piatto = dish, 8. abilitato = enabled, 10. rimedio = remedy, 11. trattamento = processing, 15. cattivo = evil, 16. femminista = feminist, 17. mento = chin, 18. bottone = button, 19. ristoranti = restaurants, 20. vedova = widow, 22. feroce = fierce, 23. sostenuto = sustained, 24. notevole = notable, 25. incontrare = encounter, 26. argilla = clay. **Down:** 2. ispirato = inspired, 3. corda = rope, 4. pubblicamente = publicly, 5. saggio = essay, 6. pubblica = reveals, 9. fabbricare = manufacture, 12. esistito = existed, 13. genere = gender, 14. contabilità = accounting, 16. prossimo = forthcoming, 21. largamente = broadly, 22. otturazione = filling, 23. sparare = shoot.

Puzzle #88. Across: 2. preda = prey, 5. fabbricando = manufacturing, 7. brusco = harsh, 10. occupato = engaged, 14. agnello = lamb, 16. debole = faint, 17. fissato = secured, 19. assente = absent, 21. osservatore = observer, 22. feudo = manor, 25. alleato = allied, 26. viale = avenue, 28. gabinetto = toilet, 29. torneo = tournament, 30. toro = bull. **Down:** 1. dinamico = dynamic, 3. scompartimento = coup, 4. incurante = regardless, 6. crepa = crack, 8. finora = hitherto, 9. interno = inland, 11. nobile = noble, 12. adorare = worship, 13. diversamente = differently, 15. fossa = pit, 18. scegliendo = choosing, 20. sconosciuto = stranger, 23. dormito = slept, 24. probabilità = odds, 27. screpolatura = chap.

Puzzle #89. Across: 1. comportarsi = behave, 7. raramente = seldom, 8. annoiare = bore, 9. catalogo = directory, 11. campionati = championships, 13. utensile = implement, 15. nonno = grandfather, 16. cuori = hearts, 18. espanso = expanded, 21. accoppiare = mate, 22. doccia = shower, 23. riguardando = affecting, 26. vago = vague, 27. cerca = seeks, 28. mancando = lacking, 29. spettro = spectrum. **Down:** 2. emozione = emotion, 3. comunicare = communicate, 4. afferrare = grasp, 5. adozione = adoption, 6. attivamente = actively, 10. esplorazione = exploration, 11. calcestruzzo = concrete, 12. cena = supper, 14. gravidanza = pregnancy, 17. manzo = beef, 19. compiendo = achieving, 20. trascinato = dragged, 24. saggezza = wisdom, 25. dominio = domain.

Puzzle #90. Across: 3. allattamento = nursing, 6. ritratto = portrait, 7. notevolmente = remarkably, 8. ripido = steep, 10. pregare = pray, 12. laminazione = rolling, 14. derubare = rob, 15. bianco = blank, 17. bruciare = burn, 19. arrivederci = goodbye, 21. ritmo = rhythm, 23. cavo = cable, 24. arancione = orange, 25. settimo = seventh, 26. detenzione = imprisonment, 28. frazione = fraction, 29. richiedendo =

requiring, 30. avventura = adventure. **Down:** 1. elettronica = electronics, 2. nuotando = swimming, 4. significare = imply, 5. vivace = lively, 9. chiunque = whoever, 11. assunzione = recruitment, 13. incoraggiamento = encouragement, 16. eccedenza = surplus, 18. melodia = tune, 20. editore = publisher, 22. eco = echo, 27. toppa = patch.

Puzzle #91. Across: 2. corse = races, 3. rifugio = shelter, 8. minacciando = threatening, 11. ritardato = delayed, 12. di notte = overnight, 13. goffo = awkward, 16. eccezioni = exceptions, 18. osservatori = observers, 21. noioso = boring, 22. abitudine = trick, 23. sterlina = quid, 25. presentando = introducing, 27. circondario = neighbourhood, 28. idoneità = fitness, 29. ritirare = withdraw. **Down:** 1. costiero = coastal, 4. giglio = lily, 5. estendendo = extending, 6. trasmissione = transmission, 7. strano = peculiar, 8. in seguito = thereafter, 9. rincrescere = regret, 10. assistendo = attending, 14. terribile = dreadful, 15. prendere in prestito = borrow, 17. due settimane = fortnight, 19. ricevitore = receiver, 20. mite = mild, 24. petto = breast, 26. stivale = boot.

Puzzle #92. Across: 2. onestamente = honestly, 6. vassoio = tray, 7. cacciando = hunting, 9. rifiuto = rejection, 10. esecuzione = execution, 11. accarezzare = stroke, 12. maculato = spotted, 15. frattanto = meantime, 18. coperta = deck, 19. razziale = racial, 20. tomba = grave, 24. eccesso = excess, 25. intenzionale = deliberate, 26. lancio = throwing, 28. armadio = cupboard, 29. ventilatore = fan. **Down:** 1. mito = myth, 3. scuotere = shake, 4. equilibrato = balanced, 5. busta = envelope, 8. foro = forum, 11. simpatico = sympathetic, 13. cammina = walks, 14. guasto = breakdown, 16. traduzione = translation, 17. commedia = comedy, 21. illuminazione = lighting, 22. avido = eager, 23. seme = seed, 27. banda = gang.

Puzzle #93. Across: 1. taxi = cab, 4. accrescere = enhance, 9. nonna = grandmother, 10. preside = dean, 11. bontà = goodness, 14. sveglio = awake, 15. rifiutare = reject, 16. rinnovato = renewed, 18. vaso = vessel, 20. tattica = tactics, 21. afferrato = seized, 22. raccolto = crop, 23. vigilia = eve, 24. accomodamento = adjustment, 28. praticamente = practically, 29. trasformato = transformed. **Down:** 2. bancario = banking, 3. alludere = hint, 5. riconoscere = acknowledge, 6. vita = waist, 7. respirando = breathing, 8. in avanti = onwards, 12. aspetta = expects, 13. alimentando = feeding, 17. entusiasta = enthusiastic, 19. sospensione = suspension, 24. consigliere = adviser, 25. rilassare = relax, 26. spada = sword, 27. anteriore = prior.

Puzzle #94. Across: 1. manciata = handful, 5. scarico = discharge, 6. mancanza = shortage, 9. montato = mounted, 11. aroma = flavour, 12. eguaglianza = equality, 13. salutato = greeted, 15. basso = shallow, 17. diapositiva = slide, 18. scomparire = disappear, 20. frode = fraud, 22. miele = honey, 23. indipendentemente = independently, 24. locanda = inn, 26. alpinismo = climbing, 27. esclusione = exclusion, 28. incontra = meets, 29. collocamento = placing. **Down:** 1. esitato = hesitated, 2. biossido = dioxide, 3. sparando = shooting, 4. secco = dried, 7. scomodo = uncomfortable, 8. sebbene = albeit, 10. obbligato = obliged, 14. diagonale = bias, 16. degno = worthy, 19. scontri = conflicts, 21. cittadino = citizen, 25. crudele = cruel.

Puzzle #95. Across: 1. ricco = wealthy, 3. turismo = tourism, 5. sospettoso = suspicious, 7. irrilevante = irrelevant, 11. labbro = lip, 12. adattare = accommodate, 14. prosciutto = ham, 15. fusione = merger, 16. redditizio = profitable, 18. invalidità = disability, 20. brutto = ugly, 22. bandiera = flag, 24. brezza = breeze, 25. nido = nest, 26. controllo = checking, 27. pulendo = cleaning, 28. simbolico = symbolic. **Down:** 2. storico = historian, 4. raccomandazione = recommendation, 6. affascinante = charming, 7. isola = isle, 8. tenero = tender, 9. lodare = praise, 10. anatra = duck, 13. ricordando = remembering, 14. prendere in affitto = hire, 17. dolore = grief, 19. tabacco = tobacco, 21. raccogliere = gather, 23. sabbioso = sandy.

Puzzle #96. Across: 5. giornalista = journalist, 6. marca = brand, 8. salvando = saving, 9. citare = quote, 12. amo = hook, 14. guarire = cure, 15. misterioso = mysterious, 17. maggiore = elder, 19. commento = remark, 22. incubo = nightmare, 23. coscienza = conscience, 25. popolarità = popularity, 27. assegnato = allocated, 28. direttivo = managerial. **Down:** 1. ostilità = hostility, 2. arcivescovo = archbishop, 3. fissare = fix, 4. curvo = bent, 6. gratifica = bonus, 7. fedele = loyal, 8. sessualità = sexuality, 10. autocarro = lorry, 11. escludere = exclude, 13. scoprire = detect, 16. estratto = extract, 18. riflettendo = reflecting, 20. eleggibile = eligible, 21. minestra = soup, 24. forno = oven, 26. vela = sail.

Puzzle #97. Across: 2. inutile = useless, 4. compensazione = clearing, 7. rivisto = revised, 9. pendenza = slope, 10. cucina = cooking, 11. assassino = killer, 14. scala = ladder, 16. pubblicare = publish, 17. esaminando = examining, 18. inerente = inherent, 22. potenziale = prospective, 24. riduzioni = reductions, 26. prediletto = darling, 27. sostituendo = replacing, 28. quercia = oak, 29. esperto = skilled. **Down:** 1. imbarazzo = embarrassment, 3. fornitore = supplier, 4. costume = custom, 5. filosofico = philosophical, 6. custode = keeper, 8. costruire = construct, 12. eredità = heritage, 13. marciapiede = pavement, 15. percussore = striker, 19. ottone = brass, 20. peccato = sin, 21. fronte = forehead, 23. ombra = shade, 25. inondazione = flood.

Puzzle #98. Across: 4. sfruttamento = exploitation, 7. furto = theft, 8. prendere = capture, 12. grassetto = bold, 15. cresce = grows, 17. aspettativa = expectation, 18. gonna = skirt, 19. cortina = curtain, 23. riceve = receives, 24. filiale = subsidiary, 26. paglia = straw, 27. brusco = unpleasant, 29. scaffale = shelf. **Down:** 1. getto = jet, 2. nondimeno = nonetheless, 3. apparendo = appearing, 5. asta = auction, 6. simboli = symbols, 9. asso = ace, 10. calcolando = computing, 11. appartamento = apartment, 13. difensivo = defensive, 14. scogliera = cliff, 16. meritare = deserve, 20. legatura = binding, 21. parzialmente = partially, 22. scoperto = detected, 25. arco = bow, 26. gridare = shout, 28. foglia = leaf.

Puzzle #99. Across: 2. burocrazia = bureaucracy, 4. snello = slim, 6. orizzonte = horizon, 11. tipo = bloke, 12. datato = dated, 13. credendo = believing, 15. facoltà = faculty, 18. batteri = bacteria, 19. succo = juice, 20. avvertire = caution, 25. conservato = preserved, 26. tesi = thesis, 27. dormendo = sleeping, 28. fingere = pretend, 29. ottavo = eighth. **Down:** 1. abbandonare = abandon, 3. perdonare = forgive, 5. commemorativo = memorial, 7. previsione = forecast, 8. diavolo = devil, 9. obiezioni = objections, 10. ripetutamente = repeatedly, 14. garantito = guaranteed, 16. stimolo = urge, 17. pericolo = distress, 20. lagnarsi = complain, 21. a = toward, 22. lago = loch, 23. perseguito = pursued, 24. agricoltura = farming.

Puzzle #100. Across: 4. magro = lean, 8. sapone = soap, 9. lappare = lap, 10. dipendenza = dependence, 11. ereditato = inherited, 13. appartenendo = belonging, 15. applicazione = enforcement, 16. vettore = carrier, 18. praticare = practise, 19. dovere = owe, 23. ambiente = surroundings, 26. leggenda = legend, 27. forzatura = forcing, 28. matematico = mathematical, 30. conformità = compliance. **Down:** 1. improprio = inappropriate, 2. granaio = barn, 3. assortito = matched, 5. strettamente = tightly, 6. rame = copper, 7. avversario = opponent, 12. ubriaco = drunk, 14. obiezione = objection, 17. inseguimento = pursuit, 20. luce del sole = sunlight, 21. intuito = insight, 22. istante = instant, 24. giustamente = rightly, 25. dubbioso = doubtful, 29. vacca = cow.